金本・阪神
猛虎復活の処方箋

岡田彰布

宝島社新書

はじめに

1番　左翼　髙山 俊
2番　二塁　北條史也
3番　右翼　糸井嘉男
4番　一塁　福留孝介
5番　三塁　キャンベル
6番　遊撃　鳥谷 敬
7番　中堅　中谷将大
8番　捕手　原口文仁
9番　投手　藤浪晋太郎

わたしが監督なら、2017年の阪神タイガース開幕オーダーは以上のように書き入れる。

選んだ理由は単純だ。勝つために、だ。ただそれだけを考えればいい。スタメンはその試合で勝つために、ベストなメンバーを選ぶ。加えてシーズン開幕戦のスタメンは、今年はこういう戦いをするぞという、監督としての意思表示でもある。

恐らく金本知憲監督は、これとは違うメンバーで開幕戦に臨んだことだろう。もちろん故障も含めて、開幕直前のコンディションや仕上がり具合は、この本を書いている3月時点では分からない。

藤浪はWBCに選ばれた。登板の結果次第では阪神の開幕戦に間に合わず、マウンドに立てる状況ではないかもしれない。それらのことを考慮せずに、わたしは開幕メンバーに勝つためのベストな布陣を敷いた。

16年、阪神は61人もの選手を一軍で使った。阪神では、過去にこれだけの多くの選手を使った記録はない。

「超変革」

金本・阪神が、1年目に掲げたスローガンだ。いままで一軍経験のなかった若手選手を、次から次へと起用した。「超変革」の意味は、61人もの選手を一軍で使うことだったのだろうか。

2年目を迎えた金本・阪神は、「挑む」というスローガンに変えた。

言うまでもないことだが、プロ野球の一軍に求められるものは、どんな状況であっても、ひとつしかない。

「何がなんでも勝て！」

「超変革」も「挑む」も、その言葉の意味がどうであるかではなく、行き着くところに「勝つため」がなければならない。

なぜわたしがこのメンバーを、17年の開幕スタメンに選んだのか。勝つために選んだ、とはどういうことなのか。本書を読んでもらえば分かる。

だれよりも愛する阪神タイガースに向けて、猛虎復活の処方箋を贈りたい。勝って欲しいから。目的はただそれだけだ。

岡田彰布

目次

第3章　2016年の戦いから見えてきたもの

第6章　一軍は何がなんでも勝て！　105

第7章　阪神のチーム作りに足りないもの　125

第8章　猛虎再建への提言　139

第9章　金本監督の知らないファームの世界　153

第10章 選手から学んだ野球の真理 183

第1章　金本・阪神のここがダメ

去年のようには走れない糸井嘉男

２０１７年2月、沖縄のキャンプを最初に見に行ったとき、糸井嘉男はまだ、打撃練習をしていなかった。

わたしが帰ってから、バッティングをしていた。開幕までにどれくらいの状態に戻るかだが、違和感を覚えたところが古傷の右ヒザ関節炎だからどうなることか。

それでも開幕スタメンに名前が入っていればいい。状態がどうであっても、どっちみち使うのだから。ナンボか実戦をやって、それで開幕に合わせてくると思う。

糸井はいい選手よ。

わたしがオリックスの監督のとき、当時糸井は日本ハムにいたけど、相手ベンチから見ていたらそりゃあ怖い選手だった。打つのは打つ。それは間違いない。

ただヒザだから、どれだけ走れるか、だ。去年の盗塁53個とかは厳しいだろう。ましてや甲子園は土だから、そんなに走れないと思う。

結局、何番を打たせるか、打順構成の問題だろう。

本当にヒザが元気だったら、走らせてもいい。赤星憲広のようにはいかなくても、

1番で使うのもいい。1番で走らせる。それが理想だけど、ヒザ次第だろう。故障のことを考えれば、1番で使わないほうがいい。1番だと、去年の盗塁王だし、塁に出たら走らなアカンという雰囲気になってくるからだ。無理させないほうがいいのと違うかな。

シーズン中にまたこれくらいの故障をして、1カ月とか休むようなことになると1年を棒に振る。それだけは避けたい。

糸井の使い方によって、打順の構成は変わってくる。1番なら、2番もフリーに打たせて走らせて、攻撃的な1、2番が組める。

「タイガースでも盗塁をしたい。50盗塁を目指す」

故障前には、雑誌のインタビューでそんなことを言っていた。

チームとして、糸井をどう考えるかが肝心だ。

3番なら1、2番を得点圏に置いて、糸井に託す。あるいは糸井がチャンスを広げる、チャンスメーカーになるというような打線になる。まあ、もともとそんなにホームランは打っていないから、今シーズンは20本ぐらいではないか。16年も17本だった。

いろんな役割のできる選手だとは思う。クリーンアップでも5番ならランナーを還すこともできる。

ただ5番のイメージはあまりない。走者を還すという印象はあまりない。

わたしがオリックスの監督のときも、3番糸井というのが最も嫌だった。塁に出したら足はあるし、怖い打者だった。どっちかというと3番までの打者じゃないかな。

わたしは糸井は3番がいいと思う。高山俊との兼ね合いもあるけど、それも糸井次第になってくる。

打線はある程度、確立しないといけない。17年は16年みたいに日替わりとかではアカン。軸をカチッと決めて、固めなければいけない。

去年はいろいろ試したと聞いたけど、去年のことはもういい。終わったことだから。ただ、今年はそれを生かすようにしないと。

そもそも100通りも打順を変えて過去に優勝したのは、仰木彬監督のときのオリックスくらいのものだ。

36歳になる選手に、1番打者で走りまくってチームを引っ張ってくれ、というのはハッキリ言って酷だろう。それよりも、お前はこの打順でどっしり構えて打ってくれ、と言うべきではないだろうか。

パ・リーグだからできた53盗塁

16年の盗塁王というのがあるから、よけいに糸井は1番という思い込みにつながっている。53盗塁がチームの勝ちにつながったかといえば、結果が最下位なんやから、必ずしもつながったとは言えないだろう。

だから53盗塁という実績には、あまりこだわらないほうがいいと思う。

もともとパ・リーグは不思議なところがある。盗塁されることにあまりこだわらないのだ。パ・リーグはファーストがあまりベースから離れない。その割にバッテリーは盗塁されることを警戒しない。

オリックスの監督をしたときに、すぐに思った。なんで、って。

例えば7回で4、5点負けていて、一、三塁の場面になったとする。

「一塁、もうええよ。後ろに守れ」

わたしはすぐにそういう指示を出した。「走らせないように」というアドバイスはしない。

一塁走者が二塁に進んでも、試合の勝敗には影響しないからだ。それよりも打者を抑えるしかない場面なのだから、一塁走者をフリーにしてでも、打者に対して守りやすくするほうが正しい。

ここで一塁走者が二塁に走っても、盗塁は認定されない。公式記録は盗塁とはならない。点差と、一塁ベースを空けたことで盗塁とは記録されないのだ。

ところが一塁ベースに一塁手がついていると、盗塁と記録されてしまう。走者を警戒していたことになる。バッテリーは全然、警戒なんてしていないのに。

こう考えると、パ・リーグの常識は不思議だ。なんでやろうね。

1点勝負の二死一、三塁で左打者が出てくる。打者は引っ張りが得意な選手だとする。そのときには、「もうええで。一塁は離れとけ」と言えばいい。

守備がそうなれば、一塁走者がスタートしても盗塁にはならない。それでもパ・リーグはずっと一塁についている。でもバッテリーは「この打者を抑えればいい」と思っているから、走者なんて気にしていないのだ。

優勝争いしての53盗塁なら、ものすごい価値はあるけど、その辺はどうなんだろう。こんなふうにセ・リーグとパ・リーグの違いはある。

オリックスの監督のときに見た糸井には、「ここで走られたら嫌だなあ」という場面で走られたという印象はない。

だから17年の糸井には、やっぱりクリーンアップにどっしりと座ってもらいたい。もともと盗塁をして欲しいから獲ったんじゃないやろ。

本人が盗塁にこだわるのは、悪いことではない。ただわたしは、打つほうで貢献して欲しいなあと思う。そうなってくると1、2番をどうするか、だ。

外国人選手に確実性はいらん、怖さが欲しい

1番・北條史也という話には疑問符をつけたい。早打ちで、粘って四球を選んで

というタイプではないからだ。まあ早打ちの1番もアカンことはない。攻撃的な先頭打者というのも、ありだろう。ただここで問題になるのは、左打者の並びだ。

1番に北條なら、4番に福留孝介を入れた場合、2番から5番まで左打者が4人続けて並んでしまう可能性がある。

これは16年と一緒で、福留を4番に想定すると、右打者がものすごく重要になってくる。だから16年の開幕は、3番に右のヘイグを入れるしかなかった。左4人は打順として組みづらい。3人までなら並んでもいいけど、さすがに4人並べると相手投手からの攻め方も簡単に感じられてしまう。

16年は1、2番が高山、横田慎太郎で左、左だったから、4番に福留を入れると、3番は右のヘイグを入れるしかなかったのだ。

もしゴメスが4番なら、1、2、3番と左でもよかったのに、と思う。

いまの野球はどこの球団でも、左打者が多いから右打者がキーになる。となると、やはり開幕のキーになるのは、右打者の新外国人・キャンベルだろう。

キャンベル……。キャンプで最初に見たときは、ノーステップで打っていたのが気になった。あれは間違いなく、日本に来るまでにバッティングに関して相当言われているよ。

メジャーでどういう打ち方してたんかな。もちろん映像があるだろうけど、どんな映像なんだろう。向こうではあんな打ち方はしていなかったと思う。

マートンは小さくてもちゃんとステップしていた。

キャンベルはすごくコンパクトに見えるけれど、パワーみたいなものが感じられない。助っ人なんだからそこが心配だ。日本人選手に足りないところを補ってもらうために獲得したんだから。外国人選手に確実性はいらん、怖さが欲しい。ツボに来たら一発があるというのがいい。外のスライダーは見送ることはできるだろうけど、それよりも迫力が大切。外国人という観点からすれば、ちょっと寂しい感じがする。

「日本の野球はこうだぞ。投手は簡単にストライクは投げてこないぞ。ボール球を振ってはダメだ。外のスライダーに気をつけるんだぞ」

恐らくそういうことを吹き込まれたのだろう。それは日本に来てから徐々に慣れていけばいいことで、現時点ではあまりにもコンパクトに振ることを意識し過ぎている。これでは日本人選手が残すのと同じような結果しか残せない。しかも、スイング中に左手首を痛めて腱鞘炎《けんしょうえん》とは。キャンプどころかオープン戦にもまともに出ていないような状況だ。

二遊間の選手が多過ぎる

北條は良くなっている。体も大きくなったし、打撃のパワーもついた。バッティングはいい。

ただ、だからといって1年間、ショートで使えるかというとどうだろう。何が足りんかというと、経験だ。16年は途中から試合に出るようになった。「良くやっている」と評価されるのは、初めての経験をしているから。試合に出ただけでそう言われた。ただ今度は開幕からスタメンで、レギュラーで1年間となると、当然求められるものは違ってくる。周りの見方が変わるからね。

今シーズンは評価する基準が上がるから、試合に出ているだけで同じ結果なら、

「良くやっている」とは言われなくなる。その厳しさが経験よ。

タイプ的にはクリーンアップではないかもしれない。やはり1、2番だろうけど、そんなに足は使えない。それでも彼は、必要な戦力になれる。

北條は野球に対するセンスがある。配球などを読めるような感覚があるから、スイングも強く振れる。打つ方向を決めて打つとか、そういうことのできる選手だと思う。あとは守備との兼ね合いだろう。

キャンプで見て気づいたことは、二遊間の選手が多過ぎること。二遊間で7人くらい守っていた。

上本博紀、板山祐太郎、植田海のほか、キャンベルもやっていた。新人の糸原健斗、鳥谷敬、北條史也。ファームには西岡剛、大和もいる。

多くの選手で一軍レベルの競争をするというのは、悪いことではない。ただキャンプでずっとこれをやっていたら、守備の技術は伸びない。

ゴロを捕るとか、特守とか、これは個人でやればいいことだ。問題はコンビネーションとかタイミングの練習。呼吸とか、連携やね。これはある程度メンバーを固定してやらないと、伸びていかない。二遊間はそれが一番大事だ。

現実に16年の守備側から見た併殺数は、セ・リーグで一番少なかった。阪神が90、一番多いのは巨人の142で、以下広島128、中日123、ヤクルト105、DeNA102。これが現実だ。

ちなみに失策数は逆に阪神が一番多くて97。一番少ないのはヤクルトの60、以下中日66、広島67、DeNA73、巨人85となっている。併殺崩れのあとの失点というのはよくあることだけど、チームにとっては一番痛い。

いろんな相手とタイミングを合わせるというのは難しいし、そんなことはできない。

肩の強さ、足の速さ、投げ方、ベースの入り方、どれも1人1人違う。全員に合わせると平均的なプレーしかできない。個々に合わせて、タイミングや投げる位置、投げ方を変えてこそ、より速い併殺プレーが完成する。それをキャンプで磨くのだ。

阪神のOBで「今牛若丸」と呼ばれた名遊撃手の吉田義男さんが、こんなことを言っていた。

「わたしは捕るが早いか、投げるが早いかと言われました。捕ったら同時に投げる。それを毎日毎日、繰り返し練習してました。名手と呼ばれるようになれたのは、二塁に鎌田実という名選手がいたからです」

それを聞いた鎌田さんはこう言った。

「それは違います。わたしがうまくなれたのは、吉田義男さんがいたからです。とにかく早い。捕ったら、もう投げている。競争です。早く投げないと、相手に間に合わない。相手との競争。お互い、どちらが早いかという動き方をする。2人で併殺プレーを繰り返しているうちに、どんどん早くうまくなったと思います」

二遊間のコンビネーションというのは、それほどデリケートなものなのだ。

吉田、鎌田以降も、藤田平、真弓明信、平田勝男、和田豊、久慈照嘉、そしてわたしも加えて二遊間のコンビを組んできた。1人1人違う。平田ならここにこんなトスを上げる、和田との呼吸はもう少し後ろに上げる。相手によってタイミングを変える。

それが技術がうまくなっていく過程なのだ。

ある程度、固定した相手と技を磨き合わなければ、併殺の数は増えない。ゴロを捕る練習は個人で繰り返しできる。しかし併殺のタイミングは、個人のうえに連携があるから、どの組み合わせでいくかが見えてこないとやりようがない。

みんながドングリではアカン

ゴロを捕る練習をしてうまくなるというのは当たり前で、どういう組み合わせでいくのかというのが見えてこない。二遊間がコロコロ変わるなんてあり得ない。野球はセンターラインが大事だというのは、そういうことだ。

新人の糸原健斗というのはいいと思う。守備ができるし、バッティングもいい。ドラフト5位だけど、社会人（JX－ENEOS）でやっていた。ただ社会人でサードを守っていたのに、なんでセカンドやショートの練習をさせるのかが気になった。やっぱり二遊間候補の選手が多過ぎる。これではタイミングを合わせるのが大変だ。

ノックをいっぱいやって練習したら、一塁でアウトをひとつ取る技術は上がる。

けれど二遊間は連携が肝心。なのに二遊間をどういうふうにするのかの方向性が見えてこないことが問題だ。

相手投手によって今日はお前がスタメンとか、そういう使い方とは違う。外野手との連携でも右中間、左中間で肩の強いほうが前へカットに入るとか、フォーメーションも違ってくる。

だから、みんながドングリではアカンのよ。抜け出る選手を使わんと。

金本知憲監督が、「打撃が同じくらいなら、ショートは鳥谷ではなく、北條を使う」とインタビューで答えていた。

そりゃあそうだ。いまの感覚、使い方ならそうだろう。

ただ、わたしが言いたいのは、どっちを使うのがいいとか悪いとかじゃない。

勝つために何をやるか、ということよ。

金本監督が選手にいろいろと配慮しているのは聞いている。特にベテランに対しては、対話して気持ちを確かめたりしている。16年のシーズン中も、鳥谷の気持ちを聞いてショートから外し、サードで使ったりした。

ただ鳥谷がこう言うからとか、福留もファーストで使いたいと考えていたのに本人に断られたとか、選手が納得しないからとかいうのは、それは監督としておかしいやろ。

ちょっと感覚が、違うなあ。

ベストメンバーとは、相手に勝つために選ぶ選手なのだ。

第2章　最優先すべきは勝つための采配

ショートに鳥谷敬、セカンドに北條史也という発想

わたしは、キャンプから二遊間のいろんな組み合わせを見ていた。その中では、鳥谷敬と北條史也が一番いいと思った。二遊間の組み合わせ的にも、打撃を見ても鳥谷と北條が一番いい。

オープン戦ではショートに北條、セカンドに鳥谷という布陣を敷いたことがあったけど、キャンプでは一度もやっていない。

セカンドでだれかを育てて飛び抜けるのを待つより、北條と鳥谷のコンビのほうが早いと思うよ。北條をセカンドに持ってきたらいいやんか。なんでそんな発想をしないいんかなあ。そんなことは当然のことよ。だけど残念ながら2人とも、2月のキャンプではセカンドは守っていなかった。

一番いいものを早く組み合わせて、早く連携させたらいい。2人のコンビだったら、もっと速くゲッツーができるようになる。

北條を使いたいのは分かる。だったらセカンドで使ったらいいやんか。ショートで使うことに、こだわることなんかない。

他にセカンドはこいつでいくという選手がいるならいいよ。それなら鳥谷と北条でショートの競争をして、「どちらかがポジションを勝ち取れ」でいい。だけどセカンドがいないやんか。

だからセカンド北條、ショート鳥谷でスタートすればいい。どのみち年齢的なことを考えれば、いずれ北條がショートにいくようになる。2人とも25歳くらいなら別だが、現実は13歳も違うんだから。近未来の青写真を作っていけばいいのよ。

2016年は鳥谷をキャプテンにした。17年は福留孝介。それは金本知憲監督にも考えがあってのことで、いいことだと思う。鳥谷を慕う若い選手は多い。そのことに金本監督が配慮したとも聞く。

若い選手が鳥谷を慕うのは、いまだけを見て感じているのではなく、ずっと長い積み重ねの中で鳥谷という選手を見てきたからだろう。でもチームリーダーということと、ポジションをどうするかということはまた別の次元のことだ。

いまの二遊間を、守りだけでなく、打撃やその存在とか全部含めて考えれば、1位と2位は鳥谷と北條やろ。一番いいのを使えばいい。それだけのことやんか。

そうすれば両方がもっと良くなるよ。1位と2位のレベルが上がったら、そりゃあ全体のレベルも上がる。そういう見方をすればいいのに。

やはり内野手出身のコーチが、もっと監督に言うべきだと思う。二遊間というのはそう簡単なポジションじゃない。外野でセンターがライトに変わるというのとは、ちょっと意味が違う。

キャンプを見ていたら、投内連係やバントシフトでも、タイミングが合わないんだよなあ。二遊間の選手のベースへの入り方が、みな同じなんよ。

ゲッツーにしても同じような入り方ばかりしている。これは問題だと思うけど、コーチもだれも何も言わない。

この選手は肩が強いから、ここで捕っても投げられるだろうとか、あの選手は肩が弱いからこの角度でベースに入って反動つけて投げたほうが早いとか。そういうことを全くやっていない。

だからセ・リーグで一番、併殺が取れないのだ。

現実にそういう数字があるんだから考えるべきだ。併殺が取れていたら次の1点、

2点の失点が防げたかもしれない。失点を防ぐことを考えていかないとアカンやろ。キャンプを見ていたら、まだ二遊間は無理だろう、まだまだゲッツーに入れないぞ、という若い選手もいた。そのタイミングに合わせていたら、他の選手もうまくならない。もっと上のレベルにはなれない。

チーム作りに100%の正解はない

チームをどう作っていくかは、監督の考え方だ。だけど監督の目が届かないところはいっぱいある。そこをコーチ陣がサポートしていかなければいけない。金本監督はずっと外野手だったから、選手時代に投内連係なんかに入ったことがないだろう。入ってもランナー役くらいだから、そりゃあ分からんところもあるだろう。

周りがサポートしないと、できないことはだれにでもある。

100%の正解はない。答えもない。例えばバッテリーの配球ミスと言うけど、じゃあこういう配球をすれば絶対に打たれないという配球なんてないよ。だからいかに100%に近づけていくか。確率を高めるにはどうするか。それを考える。

どのコンビが一番、ゲッツーを取れるか。どの2人が一番確率的に高いのか。キャンベルが、「セカンドもできます」と言っても、「そんなんやらんでええ」と言えばいい。サードに入れて、打たせるという戦力構想で獲った選手のはずだ。もしキャンベルがセカンドに入れば、チームはぼろぼろになるだろう。

選手に希望を聞く必要はない。

聞かれたら選手は、「嫌なことは嫌です」と言うに決まってる。だから、だれをどこに使うとかじゃなくて、チームの戦力としてベストな布陣、勝てる確率の高い方法を、監督が選ぶしかない。

わたしは経験がないけど、サラリーマンだって転勤や異動の辞令が出て、正当な理由もなく拒否したら、会社を辞めるしかないんじゃないのか。会社はいろいろな事情や希望は聞いてくれても、決定するのは人事権のある上司だから。

確かに選手の気持ちや考え方を知るのは、悪いことではない。しかし、顔色をうかがったり、機嫌を取ってはいけない。

本人の希望通りにしていたら、組織は成り立たない。

納得させる理由は、サラリーマンなら会社の利益のためだし、プロ野球は勝つためだ。そこが揺るがなかったら、選手の意見を聞く必要はない。

開幕のメンバーは、「今年はこのオーダーを軸にして戦うぞ」という、監督の意思表示なんよ。シーズン中には故障や、調子が悪いとか、いろいろとメンバーが変わることも想定していないといかんのよ。

ある選手が試合に出られないときには、控えにこの選手がいるという体制を作っておく。そのためにはころころポジションを変えるのではなく、レベルの下がらない選手をそのポジションに対して準備しておく。

控えがいっても戦力が落ちない。単にだれでも代わりはいますよというのでは、勝てない。平均点の選手ばかりがずらっとベンチに控えているだけなら、試合をするメンバーの戦力は下がる。

原口文仁は捕手で使うべき

原口文仁のキャッチャーって、そんなにアカンのかなあ。どこがアカンの？　そんなに肩が弱いの？　分からへんなあ。

いずれにしても、ある程度どこでやるかを固めてやらないといけない。キャンプの時点では一塁手も捕手も決まっていない。原口をファーストにするという見方もあるけど、じゃあキャッチャーはこいつっていうのがいるのか、ということだ。

打つのはアカンけど、守りは肩もリードも、投手からの信頼感も頭ひとつ抜けている。そんな選手はいないやろ。梅野隆太郎、坂本誠志郎あたりを併用してファーストを原口にする。

それでは原口をファーストにする意味がないだろう。

打つのはダメだけど､守りならこいつというような正捕手候補がいるなら別だが、いないやんか。わたしが言うのは、そういうことなんよ。

キャンプの練習でも、わたしならワンクールに一回はキャッチャーのスローイング練習を見に行く。

チームの一番弱い部分が捕手をどうするかだから、原口のスローイングがキーになっているなら、それをキャンプで見るべきだと思う。

見ていれば、何か気づくことがある。

金本監督も若い打者を見て、ちょっと気がついたところがあればアドバイスしている。それは悪いことではない。

だけどもっと見るべきところ、気になる部分があるはずだ。

若い打者の特打を見ているだけでなく、捕手のスローイング練習に、もっと足を運んでもいいんじゃないか。見ていたらちょっとしたアイデアが浮かぶこともある。

「こうしたらどうだ」という監督のひと言が大きなヒントになる。

とにかくいまの阪神の一番の弱点は、だれが捕手なんだということだろう。原口のスローイングが物足りないとすれば、それはチームにとっての弱みになる。

金本監督は自分の体験から、鍛えて肩の筋力がつけばスローイングも強くなる、という考えだと聞いた。

自らも筋トレで弱点を補強して、

「30歳を過ぎてから、肩が強くなった」

と言っていたようだ。

捕手の投げ方は特殊なところがある。いかに早く投げるか。監督の目で伝えられるものはある。

「捕手は打たんでもええ」。わたしはいつもそう言っている。打撃より、もっともっと捕手としての練習を優先させたらいい。キャッチャーが原口で、ファーストが福留というのが理想のオーダーだと思う。

理想は原口がファーストじゃない。外野手の糸井を獲ったのも、そういう意味があったんじゃないのかなあ。

右の4番打者がいない

開幕のオーダーをまず守備から考えていくと、やはりショートは鳥谷。セカンドは北條やな。サードは新外国人だからという理由で、キャンベルを使わないと仕方ないだろう。

打順から見ればこのメンバーなら4番に右打者が欲しいけど、見当たらない。左打者ばっかりだ。右は北條と原口の2人だけだから、キーはキャンベルをどう使うかになってくる。

原口を4番とか5番とかいうのは、わたしの考えにはない。

原口は8番だ。

そんなの当たり前やん。打つから、捕手だからといって打順を上げることなんかない。5番とか6番に置いて打点を挙げるより、8番で、9番のピッチャーにつないでくれたらいい。投手に回して、次の回に1番の打順から始まればそんなに働きは変わらない。

ベンチはそのほうがありがたい。

投手につなぐといっても、その役割は5回まで。6回になれば、8番が出塁すれば投手に代打を出すから。4打席のうち2打席だけなのだ。2回のうち1回でも投手に回してくれれば、ベンチはどれだけ楽なことか。

1、2番は髙山俊と北條でいいのと違うか。

糸井は3番だと思うよ。

4番を打つ選手がいないのが気になる。キャンベルが4番というのは、ちょっとしんどい。キャンベルは5番だろう。

優しいだけではアカン、より早い見極めが必要

5番にキャンベル、6番に鳥谷という並びがいいんじゃないか。そうするとあと外野に空きポジションがひとつある。

センターにだれを入れるか。これというのが浮かばない。ひとつくらい悩むポジションを残しておいてもいい。

中谷将大、板山祐太郎、江越大賀、伊藤隼太、緒方凌介、俊介……。若い子と中堅、ベテランも含めて競争するポジションでいいだろう。

内野では新人の糸原健斗も控えでスタートするのがいいだろう。全てのポジションが1年間、不動ということは不可能だからね。

若いヤツには別に、何も声を掛けなくていい。

スタメンを見たら、監督の考えは分かる。それでいい。ベテランにはまあいろいろと、それなりの配慮が必要なときもあるけど。

一番厳しくしなければいけないのが、若いヤツに対してだろう。ポジション争いというのも、これも勝負やからね。相手チームにも、チーム内の競争にも、そりゃあ勝たないとアカン。プロなんだから。

「金本監督は、選手にも、コーチ陣にも、フロントにも優しい」

そんな声を聞いたことがある。

優しい、だけではアカンのよ。

選手がかわいいのは当たり前。一般の会社でも、社長から見れば社員はかわいいもんよ。いざ勝負となったときに、どうするか。

勝つために、非情にならなアカンときがある。あんまり、「優しい、優しい」と言われていたら、そんなときに困るよ。

プロだから、よりシビアに行かないといけない。力のないものは落ちていく。そういう世界なのだから。

わたしが二軍監督をしていたときにも、そこの割り切りは持っておかないとダメだと感じていた。

「見極め」ということをわたしは何度も言うけど、監督には一番大切なことだと思う。

正確に言えば、「より早い見極め」。必要なのはこれよ。

何回も使って、「やっぱりアカンかった」ではダメ。その間にもっと試せる選手がいたかもしれない。

早い決断をすることが大事。早い見極めとは、早く決断するということでもある。

シーズン中にあれだけ何度も何度も名前を言っておいて、その選手がオフにはあっさりクビになってしまう。

そんなことはしょっちゅうある。

だから、選手のためにも、早い見極め、決断をしてやることが大事なんよ。

ベテランに言うべき言葉

ベテランはいずれ力が落ちてくる。そんなのは当たり前だし、分かっていることだ。

キャンプまでに、鳥谷には言うべき言葉があったように思う。

「これで、ショートはラストチャンスだぞ。来年はないぞ。すぐ後ろには北條がいるのだから、いつでも取って代わられるぞ」、そういう言い方をしてやればよかったのではないか。

そうすれば鳥谷も北條も、モチベーションが変わるだろう。鳥谷本人も、今年打てなかったら、「これはもうダメだな」と納得できるはず。そういう持って行き方はありだと思う。

下から若い選手はどんどん出てくるんだから。その代わり、「今年の開幕は鳥谷で行くぞ。だけどチャンスは今年1年やぞ」と言ってやれば、それなら鳥谷も必死でやるだろう。

一方、北條にはこう言ってやればいい。

「今年セカンドでスタートしても、鳥谷のあとにチャンスはあるぞ。ショートにいつでも入れるように、準備しておけよ」

それが、本当の競争ではないだろうか。

近い将来を考えて、そういう布陣でスタートする。

いまのままだと鳥谷には、「なんでオレが外されるんだ。勝負してないだろう。競争と違うのか」という思いが残るだけだ。

ショート一本で北條を開幕からスタートさせて、もし調子が悪かったらどうするのか。そんなときだけ、「鳥谷頼むわ」と言っても、どこまで鳥谷の気持ちが前向きになれるだろうか。

今シーズン、北條にとっては初めての開幕スタメンだが、シーズンはそんな簡単には行かへんよ。

何度も言うけど、いまの二遊間でどう見ても一番上の選手と二番目の選手を、なんで2人とも同時に使おうとしないのだろう。

勝つために。選手をもっとうまいこと使ったらいいんじゃないか。

新人選手をどう使うか

ドラフト5位の糸原はおもしろい選手だと思う。打撃もいいしなあ。

だけど社会人ではサードをやってたのに、キャンプではセカンドとか、ショートにも入っていた。なんでやろ。

そりゃあサードには新外国人のキャンベルがいるし、最初は新外国人を使うだろう。

ただ、わたしは言いたい。

「プロはそんなに簡単と違うよ」

もっと言えば、プロを簡単な世界にして欲しくない。

社会人ではサードをやっていたのに、プロでいきなりセカンドやショートが簡単にできてしまったらおかしいだろう。阪神の内野はレベルが低いということになってしまう。

そもそも選手に聞けば、「どこでもやります」って答えるに決まってるよ。

でもプロとして、プロの対応ができているかということが大切だ。プロのレベルでゲッツープレーができないから、阪神は一番、併殺数が少ない。そこがチームの弱いところなのに、新人にいきなり守備位置を変えてやらせてどうするのだろう。

ひとつの併殺で試合は変わるのに。

一死一塁から併殺が取れずに、一塁に走者が残るのはまだいい。一死一、二塁から併殺が取れなくて二死一、三塁に走者が残る。これはしんどい。一番嫌なケースだ。投手もがっくりくる。内野ゴロを打たそうとして、狙い通りにゴロを打たせたとする。「よっしゃ」と思ったら、ゲッツーにならない。これはがっくりくる。だから次に点を取られることが多くなる。それも1点では終わらない。もうそうなったら試合の流れは相手に行ってしまう。

ドラフト1位の大山悠輔も悪い選手じゃない。変なクセはないし、スイングのスピードも、バットの出方もいいと思う。

ただこれを「ドラフト1位」という目で見ると、どうだろう。結局はそういうことなんよ。

糸原はドラフト5位やから、「ええ選手や。下位指名でこんな選手がいたのか。

スカウトはいい目を持っている。掘り出し物や」と言われる。ところが大山は、「1位の即戦力。将来の4番打者」という目で見られる。

それは本当のことだから、しようがない。3位くらいで獲っていたら、「ええやんか」と言われるけど、1位となると、「ちょっとしんどいなあ」となる。

梅野がそうだ。13年のドラフト4位だから、「こんなええ選手がいたのか」と言われたわけだ。もういまは言われてないけど……。

逆に伊藤隼太は11年のドラフト1位。ずっと1位だという見方は消えない。隼太にしても入団直後はそうだったけど、やはり大山も結果が早く欲しい。それは周りが思う以上に本人が感じていると思う。

開幕にサードというのは、大山の場合はちょっと厳しいなあ。

大学からのドラフト1位。ましてやサードは空いている。外国人は獲っているけど、サードにすべきか微妙なところ。そういう状況自体は大山本人にとってチャンスではある。だけど物足りない。

まだまだこれから。プロの生きたボールに接して、どう対応できるか。まとまり過ぎているけど、反面、どこが悪いと言うところもない。1位としたら平均点過ぎるから、何をアピールしていくかだろう。

大学時代の数字をどう見るか

大山は本塁打、打点とも大学のリーグではタイトルを獲った。打率も3割を超えていた。

ただ、大学での数字は見方が難しい。

わたしのときの東京六大学では、首位打者を取るには打率5割くらい打たなければならなかった。それはリーグのレベルとか、相手チームとか、投手の力量とかそのときの状況で、数字だけでは測れないところがある。

平均的な数字ではなくて、プロでは何か目立つ武器というものも要る。

大山の守備も、スローイングがいいと言っても、ゴロを捕ってアウトにするのはプロでは当たり前のことだ。

オリックスの吉田正尚《まさたか》は、青学大出身で、15年のドラフト1位やね。ああいうタイプはだれが見ても魅力がある。身長は173センチでも、スイングに迫力がある。使ってみようと思うよね。

すごみと言ったらいいのかなあ。そういうところを大山もアピールできれば、出番もつかめると思う。伊藤隼太も1位でいろいろ言われたけど、いまはどうなんだろう。

今年でもう6年目か……、早いねえ。

わたしは5年目に選手会長をして、6年目が1985年で日本一になったときやった。

伊藤隼太もいまからでも上がってこれると言うなら、もっと早くに出てこれたんじゃないだろうか。これからと言われると、やはり隼太も何かアピールするものがないとしんどいだろうね。

東京六大学でいえば、大学時代の本塁打数が1ケタだと、プロではなかなか20本以上打てない。プロで20本打ったのは、大学で2ケタ打ったヤツが多い。高山も、大学時代に2ケタは打っていないだろう。

プロで20本塁打というのは、そんなに簡単に打てるものではない。飛距離というのは、練習では出せても、試合では簡単には出せない。飛ばせなかった選手がプロに入っても、簡単には変えられないものなんよ。配球が読めるとか、プラスアルファを積んでも、プロの投手からのホームランというのはなかなか出ない。バッティングというのは、簡単じゃない。

見分けがつかない3人の外国人投手

投手はやっぱり後ろの回がキーだよなあ。打順と一緒でなかなか見えてこない。

新外国人はメンデスか。

マテオと、ドリスも契約したんだね。この3人、ユニフォームを取り換えて投げても見分けがつかんで(笑)。

ただメッセンジャーがいるから、外国人投手4人は一緒に登録できない。

だからキャンベル次第で3人とも使える、とはならない。

キャンベルの調子が悪いからといっても、投手4人にはできないから、3人の中継ぎ、抑えの中から、だれかはファームで待機させることになる。

髪型もなあ、みんな同じや。あの髪、大変やろ、汗かいたら……。

メンデスの投げ方は、あとの2人とはちょっと違うように見える。日本人みたいな素直な投げ方だから、投げたあとに体が一塁側に倒れない。理にかなったフォームで、しっかり下半身も使えている。ただそうなると逆に、あの投げ方で160キロが出るんかなあと、心配になってくる。

藤浪晋太郎は去年よりいいだろう。

去年はキャンプのときから悪かった。なんかフォームやバランスや、リリースポイントばかり気にしていた。結局は1年間、そんなことをずっと気にしながら投げていたような感じだった。

あれは気にし過ぎよ。あれだけの球があるんだから、もっとズドンと投げ込んだらいいのに。でも今年は、キャンプからいいよ。

悪いのは岩田稔。アカンようになってしまった。ストレートが走らんようになったら、あんなふうになってしまうんだな。フォームがなあ、アカンわ。オープン戦で少しは修正したようだけど、いまのままではしんどいと思う。

あとは左投手。岩貞祐太が先発で良くなったから、後ろで使える左投手が問題だ。岩崎優も、そりゃあ後ろでもある程度はできるだろうけど、先発で良かった選手だからなあ。

5回までなら先発で一番良かったと思う。安定しているから、安心して見ていられた。6、7回に相手打者につかまるといっても、そこまで持てば十分やろ。

あとは右ばかり。藤川球児にしても難しい年齢に来ているし。

新人ではドラフト2位の小野泰己がいい。まだ線が細いけど、投手らしい投手だ。手足が長くて、しっかり腕が振れれば速い球を投げられると思う。

監督の醍醐味

金本監督は選手の体を作るということから始めたそうだ。

それは悪いことではない。ただ筋力や体脂肪や、それだけでは野球はうまくならない。全員が同じことをして、全員が同じようにうまくなることはない。

いまはみんながみんな、グラウンドに1時間いたらウエイトルームに2時間みたいな……。プロなんだから、自分に合う方法を見つけんとアカン。

言われたことをやるだけではなく、自分に合うものを採り入れたトレーニング方法を選択することだろうね。小さなことの積み重ねが大切よ。

金本監督も素振りは大事にしていた。素振りというのは一番理にかなったいいスイングができるからだろう。

ところが投手が投げてくる球だと、まず理にかなったスイングはできない。打ちたい方向に打ちに行ったり、当てに行ったり。泳がされたり、詰まらされたり、差し込まれることもある。本番の打席では、なかなか理にかなったスイングはできない。だから対応力、技術を磨いてバットコントロールができるようにしなければならない。

同じように勝つための采配というのも、コントロールが肝心で、これは監督にしかできないことだ。監督にとっての醍醐味と言える。

かつて高校野球で、松井秀喜の5打席連続敬遠というのがあった。いろいろ言われたけど、勝つための最善の方法だった。明徳の馬淵史郎監督、そりゃあ大したものよ。その後の星稜・山下智茂監督の言葉が全てを物語っている。

「松井を3番にするべきだった」

相手の作戦がどうこうではなく、それに備えて対策を取らなかった自分のミスだと。4番ではなく3番なら、松井が歩かされても得点に結びつけられた。あり得る相手の作戦に、十分な対抗策が取れていなかったと言ったのだ。

勝つために……。監督ならではの、監督にしかできない、采配のおもしろさが現れているわね。

阪神は3位より上を狙え

セ・リーグの順位予想をするなら、今シーズンの阪神は3位かなあ。チームに力がついているのは確かだし、戦力的にもチャンスはある。ただ順位予想となると、他球団との比較になってくる。

DeNAは確実に力をつけている。上位を狙える雰囲気が出てきた。16年の広島も、なかなか優勝までは予想できなかったけど、兆候はあった。3、4年前からのクライマックスシリーズから甲子園が真っ赤に染まるようになった。優勝が近づいている、そんな空気が出ていた。

前田健太がいなくなってチームはしんどくなるなと思っていたら、若手がそれを補った。黒田博樹がいなくなった17年も、何かそれを上回る力が出てくるかもしれない。

巨人は理にかなった補強をした。日替わりだったセンターに、陽岱鋼《ヨウダイカン》が入る。マギー、森福允彦《もりふくまさひこ》、山口俊と、弱いポイントを押さえた補強といえる。

ちょっとしんどいかなあというのは中日くらい。ヤクルトは故障者が戻って、どこまで弱い投手力をカバーできるか。

そう考えると阪神は3位のチャンスはある。巨人、広島、阪神、ＤｅＮＡの上位4球団は紙一重だから、クライマックスにはまず絶対に残るのが目標。そのうえで3位から、2位、1位をうかがっていけばいい。

セ・リーグは戦国時代だと思う。

抜け出せるかどうかは、監督の采配も大きなポイントになる。
現時点で「阪神優勝」という順位予想をするのは難しいけど、可能性はある。

第3章　2016年の戦いから見えてきたもの

愛する阪神タイガースへ

どうやって外から足を引っ張るんだ？

こっちが聞きたいわ。結果やんか、プロ野球は。

「岡田さんは阪神のOBで、そんなことを引っ張っている」

球界のOBで、そんなことを言った人がいると聞いた。こんな声が出てくることのほうがおかしい。

わたしの野球評論が、特に阪神に対して厳し過ぎるとか、辛辣《しんらつ》だとか言う人がいるらしい。

全然そんなことないよ。自分ではそんなこと、なんも思っていない。勝てばいい。優勝すればいい。日本一になって欲しい。ただそれだけよ。

そりゃあ阪神に対する思いは、他球団とは違う。OBだし、選手として日本一を経験したし、監督としても優勝をしたわけだから。

第一、引っ張ろうとしても、外から足なんか引っ張られへんよ。それがプロ野球やんか。

わたしは野球に対して、阪神に対して、感じること、思うことをそのまま言うだけ。阪神だけじゃない。特にプロ野球には真正面から向き合って、モノを言っていくだけよ。

教え方に答えはない

日本一になった日本ハムの栗山英樹監督が書いた本が売れているんだって？そりゃあ売れるやろ、優勝したんだから。それがプロ野球というものよ。でもプロ野球の監督に限らず、指導者に求められるもの、監督のタイプというのも時代とともに変わってきているのかもしれんね。

いまはカリスマというか、存在そのものがチームを引っ張る、選手を導くというようなタイプの人はいないから。それに、スパルタなんて、もういまはできないからな。

プロ野球でも昔はあったよ。わたしが現役のときもあった。だけどなあ。教える側から言えば、殴ってうまくなるならナンボでも殴るわ。でも現実はそうじゃない。

「ぼくは褒められてうまくなるタイプです」

いまの若い選手は、自分でそう言うしなあ。そんなこと自分で言うか、と言いたくなる。でも恐らく反発力がないんだろう。怒られても逆に、それでガァっと向かって来るような。

代打で三振してもしゅんとなるし、なんとか取り返してやろうというのが、ない。時代だね。みんながそうだから、仕方ないわ。

教える側が変わったんじゃなくて、教えられる側が変わったのもある。

何事も結果が全て。こういう教え方をしたら勝てる、というのはない。投手の配球と一緒。ここでこれを投げたら抑えられるという答えはないからね。

答えがないから、勝たなアカンのよ。

勝てばあの指導が良かった、監督のやり方は正しかったということになる。日本のラグビーだって、勝ったらそう言われる。栗山監督もそうだろう。

大谷翔平もキャンプに入って、いきなりの故障が心配だ。

二刀流にどう影響するか。これまではいい結果が出ていた。だけど二刀流をさせたのは、どうだろう。外からは分からない事情があるかもしれない。

もともと日本のプロ野球には行かないと言っていたのを一本釣りした。いきなりメジャーへ行くと言ってたのを指名した。それはスカウトの力と違うかな。スカウトが指名できるだけの情報を持っていた。

指名して条件を示せば、日本ハムに入団する。

ということは起用法とか、何かの契約条件があったのかもしれないから、これだけは監督だけの判断とは言えないかもしれない。

だからほかの監督なら、大谷をどう使っていたかという議論は、ちょっと意味がないかもしれないと思う。

日本ハムにあって、阪神にないもの

陽岱鋼がＦＡ宣言したときに、「卒業おめでとう」ってフロント幹部が言ったと聞いたけど、すごいよなあ。長い目で見て、チームを作っていく方針がないとそうは言えない。

ＦＡした選手に「おめでとう」って送り出すためには、その選手に代わる若い戦力を作っておかないといけないから。

ただＦＡという制度が、どこかでおかしくなってるんよ。

もともとわたしが選手会長のときに作ったものなんだけれど、その後に逆指名になった。ドラフトで逆指名で入団したのに、またＦＡで好きな球団に行くというのは、二度も球団を選べるということになる。本来のＦＡの精神とは違うよなあ。

阪神の藪恵市(のち恵壹)が入団したときくらいからかな。いまは逆指名はないけど、逆指名の選手がＦＡの権利を取るときにはまた考えなアカンって、次の広島・正田耕三選手会長には引き継いだんだけどね。

いまのＦＡは、本来のものとは違うよ。

ドラフトがクジ引きだったらいまのＦＡでいいよ。自分で選べないわけだから。アメリカはずっと全部、ウエーバーだから自分で選べない。だからＦＡという制度を導入した。

それに倣えということで、日本でもＦＡの導入を選手会が求めた。

ところが逆指名や自由枠ということで、入団のときに選手が希望する球団に入れるようになった。だからいまは、条件を吊り上げるためのＦＡ宣言になっている。オリックスの糸井嘉男もそうだろう。金子千尋も宣言して残留って、狙いはなんなんだ、ということになる。

糸井が阪神と交渉したときも、なかなかの粘り腰だったと聞いた。オリックスの残留条件を示して、「これ以上でないと、阪神には……」という構えで対峙したらしいな。

でもそんな中で日本ハムは、ＦＡ制度をうまく使って、ほとんど自前の選手に切り替えた。

中田翔のときは高校生ドラフトだったから、これはクジ運で獲った。当時わたしは阪神の監督で、クジで負けたんだけど……。

４球団だったかなあ。日本ハム、阪神、オリックス、ソフトバンクか。だからいずれ中田がＦＡ宣言して希望する球団に行けば、これは本当のＦＡ宣言だろう。日本ハムもちゃんとそこまで考えて、チーム作りをしているんだろうけれど。

外野手出身監督は投手から入れ

最初から思っていたことが、現実になったというしかない。

2016年、阪神タイガースの戦い方、結果を見るとそう思うよ。優勝は広島。これは簡単に予想できなかったけど、阪神の4位、それも3位のDeNAに5ゲーム差。こういう結果もあるぞと、感じていたことがそのままの順位になった。

阪神監督としての金本知憲を、1年だけで評価はできない。まだ1年やっただけだから。

だけど1年目にはこういうことがあるぞと感じていたのが、そのまま出たね。

金本監督は外野手やから、現役時代は打つことだけに専念していた。そりゃあ当たり前のことだ。試合中に外野手が考えることなんか、打つこと以外はほとんどないからね。

わたしは入団4年目にセカンドの守備で、足が股裂きみたいになって大きなケガをした。そこから復帰するときにライトを守ったことがある。

甲子園のライトを守っていると、とっても広い。きれいな緑の芝生で、本塁なんてはるか彼方。レフトの選手も全く別の場所にいる。寂しくなるわ。

試合中にベンチから投手コーチが出てきて、マウンドに内野手が集まる。話すことはいろいろある。守備隊形、相手ベンチの作戦、打者の動きやタイプ、投手の攻め方、それによって守り方も変わる。

代打かもしれない。あるいは何か細かな手を打ってくるかもしれない。こっちの投手交代はどうする。つまり内野手は、試合の流れやベンチからの視点も、常に考えながらプレーをする。ところがその間、外野手は何もすることがない。

最近は、日本ハムのときに新庄剛志なんかがやり始めたのかなあ、外野手もセンターに3人集まったりしている。あれはすることがないから集まっているだけや。外野手が考えるのは守備位置や打者の傾向、風の向きくらいのものだ。集まっても野球の話なんかしてないよ。

外野は暇なポジションなんだ。ゲームに入っていかない。ポツンと守ってて寂しいよ。ヒットを打たれても、球を内野に返したら終わり。それが外野の仕事だから。

7対3くらいで、打撃の比重が重い。

「試合終わったら、どうするの」「どっか焼き肉のうまい店はないか」なんて、そんな情報交換しているだけよ。

それは仕方のないことで、だから現役からすぐ監督になっても、なかなか野球の流れに入っていけない。

純粋な外野手出身で、監督として成功した人はどれくらいいるか考えてみて欲しい。すぐに名前が挙がるのは広島の山本浩二さん、ヤクルトの若松勉さんくらいと違うかなあ。

データで優勝監督をポジション別に見たら、内野手が一番多くて44パーセント、あとは投手、捕手で、外野手は21パーセントくらいらしい。

現役のときに監督的な野球の見方をしているかどうか、それはポジションによって違ってくる。だから監督になったときに、それがどこまで意識の中にあるかだろう。現役時代の守備がどこだったかは仕方のないことで、さあ監督をやるというときにどう考えるかが大切なんじゃないだろうか。

ブルペンでの監督目線

監督1年目だから、と言うけれど、それはチームには関係ない。ましてや何年もやっている選手にすれば、そんな理由でチームが勝てなかったらたまらないだろう。だから最初は、知らないところから入っていくというのが大事だと思う。わたしも野手出身だから、監督として最初のキャンプはずっとブルペンを見に行っていた。一番いろんなところを見られるのがキャンプだからね。

打撃はほとんど見なかった。

金本監督の1年目は、打撃指導をしている姿をよく見かけた。スポーツ新聞なんかでも打撃指導の写真が多かった。

確かに監督が自分の目で選手を見られるのはキャンプなんだけど、各現場はコーチに任せたらいいんよ。

わたしはキャンプ前のミーティングで、「ここからの1カ月間の主役はコーチですよ」と言っていた。

コーチは1カ月間は思い切りできる。実戦に入るとまた違うから、キャンプはもっとコーチに任せたほうがいい。

実戦は監督が采配するから変わってくる。コーチは監督の指示によって動かなアカン。最初の1カ月はそんなことを感じたよ。

ブルペンなんて野手のときは、ほとんど行くことがない。行っても打者としての目を慣らして打席に立つだけ。野手から投手を見るのと、監督目線とはまた違う。監督が見るのは球が速いとか、変化球がいいとか、キャンプではそういうことではない。

例えば昨年でいえば、岩貞祐太が分かりやすい例だ。

キャンプで見ていたら個性的な投げ方をしている。目立ってたわな。ひょっとしたら今年、使えるぞという感じがあった。そのときに同時に感じたのが、この投げ方を変えたらアカンぞということだった。

あの個性的なフォームだから、打者は打ちにくい。それが武器になる。

野手のときに見るキャンプ中のブルペンと、監督として見るのはそこが違う。監督は投手と対戦するのではなくて、投手を預かるのだから。

まるで高校野球

去年、開幕すぐの3月25日に、投手のメッセンジャーに盗塁をさせた。見ているほうはおもしろいよ、今年の金本・阪神はこんな野球をするんだと驚いたわね。

だけどわたしは放送の解説で言った。

「ちょっと違うぞ」

「これは9月にとっとかなアカンプレーやぞ」

聞いていた人はよく理解できなかったかもしれない。

要は「早く出し過ぎ」ということ。相手に対しても、「今季の阪神は違うぞ」という見せ方はできたけど、逆に言えば相手に手の内を見せたことにもなる。

つまり9月に優勝争いをしていて、その試合でメッセンジャーに盗塁をさせたら、これは大したものだと思う。すごい作戦だよ。だって、ペナントは1年間の長丁場なんだから。

しかし早過ぎた。結局は尻すぼみのシーズンになってしまった。最初にすごいことをやり過ぎて、引き出しの中身がなくなってしまった。作戦は長いスパンで考えないといけない。

高校野球のトーナメントで短期決戦するようなことになってしまった。プロは高校野球とは違うんだから、これはダメだね。

これが前年まで3年連続最下位とかいうチームなら、喝采ものだけど。最下位チームのプレーだったらものすごい評価を受ける。今年は変わったということを、アピールすることに意味があるから。見ているほうもおもしろい。だけど実際の阪神は、ずっとAクラスにいたんやから。

ちょっとやり過ぎたと思う。味つけを変えるくらいでスタートしたらいいのよ。フロントと現場の感じ方は違う。味つけでいいというのはフロントの見方かもしれない。でも現場は、どうしてももっと強いチームにしたいと思う。それはそれでいいんだけど、極端にやり過ぎた。

最初からやり過ぎたから、後半戦はメンバーを代えることしか方法がなくなった。だから61人も一軍で使うことになったんだろう。

オーダーが浮かばない阪神

フロントのことはさておき、現場が大変だよなあ今季は。1年間、どういうメンバーで戦うのか、どんな編成で勝負するのか、全く浮かんでこない。こんな球団、阪神だけや。12球団で一番難しい。これが今季のベストメンバーだというのが全く浮かんでこないのだから。

オフに球団の幹部と食事したときに、聞かれたことがある。

「岡田さんなら一塁はだれにしますか」

知らんがな、わたしに聞かれても……。まあそれくらいだれも分からんということだろう。

もともと一塁というのは、最初に決まるポジションだ。外国人に任せる、左でも使える、どちらかというと打てるけど一塁しかできないという選手が複数いるのが一塁なんだから。それがだれも名前が出てこない。

原口文仁？　1年間ずっと原口を一塁で使えるか？

一塁となるとあの打撃では物足りないんじゃないか。捕手ならよく打っていると見られるけど、一塁専任となるとなあ。それと正捕手も固まらないから、ときには原口も捕手が手薄になったら使いたくなる。

新外国人のキャンベルはサードが適任だろう。

オフに、福留孝介にファーストでという話を金本知憲監督がしたらしいと新聞で読んだけど、その結果は断られたって、どういうことや。

金本監督の構想の軸だろう。福留はもともとショートをやっていたし、そりゃあファーストはできると思うよ。それを断るっていうのは、どういうことなんかなあ。分からんわ。

ポジションはひとつしかない。福留を外野に固定したら、外野手で1年間にあれだけいろいろ試した選手たちは、どうなるんだろう。

最低100試合は、まず捕手を固定したい。そういう正捕手がいて、たまに配球が手詰まりになったとか、投手との相性で別の捕手を使う。それが正解だろう。16年も一番多く出たのが原口の87試合だし、開幕は岡﨑太一だったんやで。

捕手は打つに越したことはないけど、やっぱり守りが大事。投手との信頼感が一番大事なんよ。投手に信頼される捕手というのは、打つことじゃない。キャッチング、そして肩の強さ。盗塁を阻止するのは、投手にも責任がある。クイックも必要。でもそれも捕手の肩があってのことだ。

捕手は8番打者でいいのよ。

インサイドワークや守りがいいから出番があって、出番があるから打てるようになる。捕手はずっと出てたら、投手のリードや相手の打者を観察できる。その結果が自分の打撃にも生きてくる。

ヤクルトの古田敦也なんか、その典型と違うかな。守りから入って正捕手になって、それから打てるようになった。

打てるから使われたんじゃないよ。使われているうちに打てるようになった。捕手はそれでいいと思う。

捕手がコロコロ代わったら、投手も嫌だと思うよ。これという固定した捕手がいないから、結局は投手が抑えたら次の試合も同じ捕手、打たれたら別の捕手に代える。その繰り返しになってしまう。

決まっていないとそうなってしまう。指揮官としては、そうするしかなくなってくる。

じゃあだれを阪神の正捕手として固定したらいいのか。いまはまだ、「分かりません」としか答えようがない。

第4章　このままでは無茶苦茶になる

外国人選手は打ってナンボ

新外国人のキャンベルはちょっとなあ。宜野座のキャンプで見たけど……。本職はサードだと思うけど、正直ポジションはどこでもいい。打てさえすれば、試合で使うんだから。右打者だし。でも故障してしまったし、打てるかどうかはやっぱり本番までは未知数やな。

ショートはやはり、北條史也を使いたいだろうなあ。すると鳥谷敬はどうする。ファースト？　それはない。ファーストに回したりしたら、もう全体がガタガタになって訳分からんようになる。無茶苦茶になってしまう。

セカンド？　これも分からない。新人の糸山健斗が使えるって言ってもなあ。外野のポジションは3つしかない。福留孝介と糸井嘉男はレギュラーが決まっているらしいから、もう1人は高山俊だろう。逆に、あれだけ使ってきた若い選手の出番はない。

糸井を獲ったということは、いろいろ使ったけどレギュラーにできる選手はいなかったということだ。

捕手も名前が挙がらないし、一番大事なセンターラインが見えないことも問題だ。センターライン、つまり捕手と二遊間はある程度、固定する必要がある。ゲッツーのタイミングだって、人によって全然違う。全員で競争ばっかりというのは良くない。まず相手球団と戦う形を作らなければどうにもならん。

オープン戦に入る前までの段階で、ある程度、生え抜きで軸になる選手を見極めるということだ。主力で3人から5人いたら強い。そういう固定メンバーを作らなければいけない。それが監督の仕事よ。

口に出して、外に向かって言う必要はない。監督が心の中で思っていれば、それでいい。

選手の力がそこまでないと思っているから、使い続けることができないんじゃないかと思う。監督の仕事というのは、開幕メンバー、スタメンを書いたらそれで終わり。1番打者がだれで、2番打者がだれ、まずそれが出てこなければならない。それが出てこないような状況では、ポジションも打順も、何も分からなくなってしまう。

開幕投手は絶対に藤浪晋太郎

藤浪晋太郎は開幕投手にせなアカン。

首脳陣が「独り立ちさせんとアカン」と言うのなら、開幕投手は絶対に藤浪よ。独り立ちというのはするものではなくて、させるもんや。5年目やろ。日本人選手の柱を作らなアカン。

高校を出て、1年目から2ケタ勝利なんて、そんな投手はそうそういない。

金本監督がメッセンジャーに対して配慮したい気持ちは分かる。外国人選手はプライドが高い。外国人としての在籍は球団史上最長の8年になって、投手陣のリーダーでもある。

だからこそ「開幕投手はオレだ」と早くから報道陣に言ってしまうし、それが既成事実になってしまう。もちろんそれだけの実績も、自信もある。

金本監督としてはまず、目の前の戦いのためにはメッセンジャーの気持ちを大切にしたい。それもよく分かる。

だけど、メッセンジャーは助っ人だから。助っ人は助っ人としての扱いでいいのよ。いついなくなるか分からないんだから、そういう対応をしておいたらいい。

藤浪について、いまの技量、精神面ではまだ無理だというけれど、それは周りがそうしているんよ。そうではなしに、開幕投手に指名して、本人に自覚させないと。役割を与える。与えれば変わっていく。

投手の頭数はいる。藤浪、メッセンジャー、岩貞祐太、能見篤史。この4人が並ぶのは大きい。青柳晃洋や横山雄哉、新人の小野泰己もいる。キャンプ、オープン戦と秋山拓巳も調子が良いらしいし。岩田稔なんか入るところがないんと違うか。

先発はいい。あとは後ろをどうするかだろう。

調子のいい選手を使って、日替わりで行くというのは良くない。それで打たれ続けると、だれを使っていいのか分からなくなる。

藤川球児なんか、去年から先発は無理だというのは分かってるやんか。これも見極めや。

本番で使ってアカンかったら代える。それは当たり前のこと。公式戦で試してなんていうのは、指導者の力量が問われる。早く分かっていたほうがいいに決まっている。オープン戦で試すのはいい。「本番で試しながらやる」なんて、そんなんでうまくいったという話は聞いたことがない。

なるべく早い時期に固定したメンバーで戦うのは、勝つためには当たり前のこと。スタメンは一番力のある選手で組む。どこかのポジションで故障者が出たら、そこに控えの一番いい選手を使う。常にベストメンバーを組んで試合に臨む。相手の先発から、どうして点を取るか。それを前提にして、勝つためのベストなメンバーを組む。

左投手ならこの選手、この投手にはこの打線でこうして点を取る。とにかく点を取るためのメンバーを組む。それがスタメンだろう。

仰木マジック

繰り返すが、日替わりの打線で成功したのは、オリックス時代の仰木彬監督だけだ。

スタメンというのはその日のベストメンバーだ。相手の先発投手を見て、このメンバーなら点が取れると考えて、選手を選ぶ。どうして点を取るか、その前提で選手を決める。

一番それをやったのは仰木さんだった。日替わりオーダーだったけど、仰木さんはいつもポケットにいろんなデータを入れていた。この投手に対してだれが何打数何安打か。球場に来るまでの地下鉄の中で、それを見ていたらしい。

予告先発だから、相手投手がだれだか分かる。

データを確認しながら、DH、守備も含めてスタメンを組む。ベンチには16人の野手がいる。その中からこの投手にはだれがいいのか、どうやって点を取るのかをイメージする。

それが本日のベストメンバーだ。それをスタメンに書き入れる。一番点の取れるオーダー。すごいやり方だけどなあ。4番を打っていた選手が、次の試合は8番なんていうこともあったもん。そのときわたしも選手としていたから、勉強になったけどな。

仰木さんは、1995年、96年とそれで優勝した。

勝ったら、どんなやり方をしても説得力がある。やっぱり勝ったという事実が、一軍では一番説得力がある。どんなやり方でもいいのよ。それで勝ったら、選手も納得する。

「えっ、今日はオレは休みか」

そりゃあ選手も最初は戸惑うよ。でもそれが勝つことで払拭される。5回が終わったら、「あしたの先発メンバー」ってベンチにメモが回ってくるんだから。そのうち選手も分かるようになる。

「よし、あしたはスタメンや」といったように、選手の思いと一致するようになる。「これで勝てる」。そのうち選手はスタメンを見ただけで、そう感じるようになる。自分がメンバーに入るか入らないか、みんなが納得していた。

いいか悪いかではなくて、監督のやることを選手が把握していた。またそれだけの選手が一軍にはいた。右打者も左打者も、どっちも一軍で使えるレベルだった。これは2016年の阪神の日替わりオーダーとは、ちょっと意味が違うわなあ。

やり方よりもレベルの問題。いまはセ・リーグも予告先発だから、仰木さんのようなやり方ができる。だけど本当はこの投手に対してのベストメンバーで選ぶところを、単に右投手やから左打者、左投手だから左打者は外す。

金本・阪神はそれだけやんか。

そんな日替わりやったら、選手にも本当の力はつかない。左投手でも使っていたのは、髙山くらいだろう。

まず一軍レベルの力があって、より確率を上げるために左と右を使い分ける。そういうやり方だったらいいけど、阪神の日替わりはそうじゃなかったからなあ。

バレンタイン監督がロッテのときにやっていたのは、よう分からん。オープン戦のときには極端なことをしていたなあ。5回までのメンバー、6回からのメンバーと8人くらい代えていた。

まあ、あれはオープン戦だから試していただけで、本番ではそんな極端なことをしていなかったやろ。

交流戦を利用しろ

広島も4番に新井貴浩や松山竜平、エルドレッドと、日替わりになったりしていたけど、あれはシーズンが進んである時期からそうなっただけ。2月のキャンプ、3月のオープン戦でチームの戦い方、メンバーや方針が固まる。そして開幕を迎える。

ところが4月、5月となかなかうまく機能しない。故障者が出たり、計算できる選手が働かなかったり、やろうとしていることがうまくできない。

そこでメンバーを変えたりしていると、シーズン途中から打線の流れがうまく回るようになった。そういうこともあるんやね。5月になって、最初とは違うメンバーで機能し始める。

そうすると交流戦の時期になる。いまは交流戦があるというのが大きいよ。阪神では05年の優勝がそうだった。交流戦がターニングポイントになった。DHが使えるから、交流戦の途中から2番に鳥谷を入れた。それまでずっと鳥谷は7番か8番やったけど、交流戦では6番DHに濱中治や桧山進次郎を入れることができた。それで鳥谷を2番にした。

そこで2番の鳥谷が機能したんやな。下位ではもうひとつだったのが、2番にしたら鳥谷が生き返った。

これは行ける、と思ったね。もう大発見よ。

リーグ戦に戻っても、ずっと2番に鳥谷を入れた。それで優勝できたんや。

シーズン前には鳥谷の2番なんて、全然頭になかったからなあ。交流戦はDHが使えるから、違う打線が組める。それがものすごい機能して、大発見がある。

交流戦はおもしろいよ。わたしは大好きやな。シンプルだからいいのよ。

交流戦の勝率、監督ではわたしが一番だと思うよ。交流戦100勝一番乗りだったからね。もともとわたしはデータをあんまり考え過ぎるなと言うほうだから。

交流戦は白紙に近い状態で戦える。当時は3連戦が2カードで、先発はみんなが投げてくる。ということは、同じ投手との対戦は二度しかない。

同じ投手と二度しかないということは、さほどデータがないということでもある。一回しか見ていない投手との対戦になるからね。

最終的には、「シンプルに行こう」というのがミーティングの結論になる。データは頭に入れるけど、実際に使えるのはその1割か2割くらい。それでいいんよ。

ピント外れだったスコアラーの報告

そういえば、こんなことがあった。

中日戦で名古屋に行って、ふと見たら昼過ぎにスコアラーがまだ宿舎にいる。「何しとるんよ。なんでいま、ここにおるんや」とスコアラーに言ったら、「なんのことですか」という顔できょとんとしてる。

「いや、中日の練習時間やろ。なんで見に行かないんや。練習見とかんと、だれが先発か分からんやろ」とわたしは注意したよ。

予告先発じゃなかったからね、交流戦は。だけど普段は予告先発だったから、パ・リーグのスコアラーはそんなことには気づかなかったんだろうね。

また、こんなこともあった。

「今日の先発は、○○スポーツでは○○投手です。気になるのは地元の中日スポーツが○○投手にしているところですかね」

えっ、それスコアラーの仕事か、と思ったよ。だって、スポーツ新聞の先発予想は、わたしが見ても分かること。スコアラーは相手の試合前の練習を見て、先発予定の投手はどんな調整をしているか、先発の日にはグラウンドに何時に出てくるか、ダッシュを何本するか、どんな動きをするか。そういうことを見て、「先発はこの投手です」と報告してこんとアカンやろ。なんで見に行かへんのや。

だけどパ・リーグはそういう必要がないから、分からないんだろうね。セ・リーグなら、この投手の先発の日の調整はこういうことをすると、絶対に把握しているから。

投手のミーティングのときには、スコアラーがこういうことを言い出した。

「いま中日の打線が一番いいです。だからウチの投手は……」

えっ、違うやろ。そう思ったよ。そんなときは「もうええわ、オレがやるわ」と言って替わった。

「確かにいまの中日打線は、一番点を取っている。ただ落合監督がやっているのは、点の取り方がうまいという野球でしかない。打者1人1人をよく見れば、決して調子がいいわけではない。しょうもない打者ばかりや。それくらいの気持ちで怖がらずに攻めていけばいい」

こんなふうに、スコアラーはパッと見た印象とデータだけでしゃべるから、ピント外れになってしまう。こういうのも、ふだん戦っていない相手との短期決戦だから陥ってしまうことなのだろう。

だから、いろんな意味で交流戦というのが、1年間を戦う中での大きなポイントになる。16年もセ・リーグでは広島だけが勝ち越して、その勢いで最後まで走った。交流戦で何かをつかんだら、リーグ戦に戻ってもそのままの勢いで行けるからね。

第5章　マイナス思考の采配をプラスに見せる

まずはシンプルに、マイナスから入れ

シンプルに行くというのは大事だね。

投手なら自信のあるボールを思い切り投げる。打者なら迷わず強いスイングをする。怖がってばかりでは、勝負にならない。

オリックスの監督をした1年目。２０１０年は開幕からホームゲームで3連勝して、いいスタートを切った。遠征も4勝1敗で帰ってきて、ホームの京セラドームの2カード目を迎えた。

相手のロッテも6勝2敗1分けでいいスタートを切っていた。

そんなとき、ロッテの試合を見てきたスコアラーが、ミーティングを始めた。

「いまのロッテ打線はものすごくいい。どこへ投げても打たれます」

ロッテの打撃コーチは金森栄治さんで、確かにいい打線ではあった。だけどわたしはこう言った。

「おいおいちょっと待てよ。どこへ投げても打たれますって、ウチの投手はどこへ投げるんや。スコアラーはなんのためにお金使ってロッテの試合を見に行っている

んや。いきなりウチの投手が自信をなくすようなこと言って、どないするんや」

そりゃあスコアラーの分析した打撃シートを見ると、打席のゾーンは真っ赤になっている。赤丸だらけで、打たれるゾーンばかり。

だけどミーティングでそのまま言って、なんの対策になるんや？

いまはコンピューターで細かく分析したデータが出るけど、それをどう使うかが大切。コンピューターの出した答えのままで選手に見せるというのは、あまりにもいい加減過ぎる。

投手が自信をなくす言葉を並べて、捕手にはどこへ投げさせていいのか分からなくして、それでスコアラーの仕事ですというのは違うだろう。

このときのロッテは、毎試合のように2ケタ安打していた。そりゃあデータのままなら、どこへ投げても打たれる。

こんなときスコアラーは、ここは打っているけど、ここへ思い切って投げろと攻め方を言って、選手に自信を持たせないとダメだ。だからどう攻めるのかということを言うのがスコアラーの仕事なのだ。

こんなんやったらキャッチャーはサインを出すことができなくなる。

だからいまの野球は、あんまりスタートダッシュとか、開幕ダッシュとか、そういう考え方はしないほうがいいのかもしれない。

5割で行く。スタートはそれくらいでいい。見極めるのは交流戦に入ってからだろう。ただ、スタートダッシュにこだわるなと言っても、17年の阪神みたいに開幕オーダーも決まらないというのとは、言うまでもなく意味が違う。

0勝143敗からのスタート

キャンプ、オープン戦で、今年はこう戦うという青写真を描く。

青写真というのは、大体がいいほうのイメージが重なってできている。先頭が出て、2番が送って、ときにはエンドランも仕掛けて、クリーンアップで得点して、下位でも追加点が入る。

先発はここまで投げてこうつないで、最後はこれで抑える、と。いいことばかりが浮かぶ。

ところが公式戦は相手も勝つための青写真を描いてくる。どちらかは青写真通りにならない。それが勝負というものだ。

プラス思考とプラス思考のぶつかり合いはどちらかが痛い目に遭う。なんでや、なんでやと思っているうちに、どんどん深みにはまって修正が利かなくなってしまう。ギャップがすごくなってしまうと、取り返しがつかない。

だから最初の40試合くらいまでは、思い通りに行かないぞと受け止めておいたほうがいい。

5割で十分だ。40試合を超えた、交流戦の終わりくらいに青写真を修整する。「残り100試合をこう戦おう」と再スタートすればいい。

だからそのために、わたしは0勝143敗からのスタートと考えるようにしている。

0勝からどこまで勝利を積み上げられるか。それくらいの気持ちでスタートしたほうがいい。マイナスから入る。勝負事はそれくらいでいい。

自分のところの打者に対しては、「打てへん」と思う。

自分の投手は、「打たれる」と思う。もちろん心の中で思うだけで、ベンチでは、「行けえ、打てえ」と大声を出すこともあるし、期待しているぞという態度で選手を送り出す。

しかし、心の中ではマイナスのケースを想定していないと、次の一手が遅れる。うまくいけば、何もしなくていい。

ベンチが手を打つべきは、うまくいかなかったときだ。

二死満塁。心の中では、「打たんでええよ」と思うようにする。

無死満塁なら、「何点入るやろか」などと思っていて、1点も入らなかったら、「うわあ、どないしよう」となる。

だから、打たなくてもいいよと思って、その場合の対策だけを考えておくのが最善なのだ。絶対にマイナスから入る。それはマイナス思考ではない。マイナスを考えて弱気になるのではない。逃げを打つのとも違う。マイナスに備える思考法だ。

そうでないと悪い結果が出たときにベンチ全体が動揺する。指揮官の浮わついた言動は、チーム全体に影響を与える。慌てたところを見せないためにも、指揮官はマイナス思考から入るのだ。

相手には自信と強気を見せる

いいことばかり考えていたら、準備不足になる。

投手も同じ。ベンチからブルペンに電話で言うのは、「打たれたら次、こいつで行くぞ」とか、「歩かせたら、次はこいつやからな」と、マイナスに出た場合の準備だけをさせておく。

ブルペンに指示するのは悪いことばかりだ。監督は、心の中でマイナスに備える。

だけどその意味を取り違えるヤツがおるんやなあ。

バッティングコーチに何度も怒ったことがある。

打席にいる打者が、塁に出たらバント。出なかったら、次は代打でこの打者を送るという場面があるとする。

そういうときに、打撃コーチがこんなことを言う。

「タイミングを合わせていいですか」

タイミングを合わせるとは、打者にできるだけ、投手に近い場所でタイミングを取りながらバットを振らせるということだ。

だからこの場合は、次をバントの選手ではなく、打たせる場合の代打選手をネクストバッターズサークルに入れたい、近いところでバットを振らせたい、と言っているわけだ。

だけどそれは、先頭の打者が凡退することを想定していることにもなる。だからわたしは、「それは違うやろ。なんやお前ら、こいつ（打席にいる打者）が打たないことを想定しているんか。アウトになると思っているんか」と言った。

これはマイナスに備えているのではなく、マイナスを見せているだけ。

相手の投手やベンチも、打てないと思っているなと感じるだけだ。

ネクストに入るのは、打った場合にバントをする選手だ。よしっ、先頭打者が出てバントで得点圏に進めるぞ、点を取りに行くぞ、攻めるぞ、という姿勢を相手に見せなアカン場面だから。

出たらバントや、成功してこうするぞ、と選手を信用せんといかんのに、打撃コーチというのは大体逆のことをする。

準備させなければいけないのはバントの選手や。それほどネクストにだれを入れるかというのは、相手に与える影響が大きい。

最悪に備えた準備というのと、相手に見せる戦い方というのは違うんよ。

日本ハムが使った大谷作戦

16年の日本シリーズ、マツダスタジアムでの第5戦で、栗山英樹監督が大谷翔平をネクストバッターズサークルに立たせた。わざわざレガースまでつけさせて。大谷を打者で使うぞ、代打大谷だぞと相手投手やベンチに見せた。

これで十分よ。

大したもんだと思ったね。大谷をあんなふうに戦力として使うとはね。恐らく使う気はなかったし、実際に打席に立たせることはなかっただろう。しかし試合の流れを、あれで一気に日本ハムのペースにしてしまった。

次の打者がだれかなんて、相手に教える必要はない。

しかも凡退したら次は「こいつ」だなんて知らせるのは、相手を安心させるだけだ。けれどあのときは、この打者と勝負しないなら、大谷を出すぞという脅しだった。そりゃあ投手もマウンドから見ていて、気持ちに影響する。

結局、一軍は戦力勝負ということ。ネクストに立つだけで、相手を動揺させる選手がベンチにいることはとても心強い。

阪神は61人も一軍で使ったけど、ネクストに入れて相手がビビる打者が何人いたか。

だからこそ、やみくもに一軍で使うのではなく、まず一軍の戦力になる力をつけさせることが大事なのだ。

まず投手は練習で判断できる。ブルペンの球を見て、これは一軍の試合で行けるなとか、まだ無理だなという判断がつく。打者は練習で打てても、一軍の試合では全く打てないことがある。

61人も使って、本当に一軍で使えるという選手が何人いただろうか。

かつて原巨人が9月20日ごろに優勝を決めて、残りの消化試合で、二軍に残ったのはほんの数人というところまで、ほぼチーム全員の野手を一軍で使ったことがあった。これは余裕というか、この際だから選手を見ておこうとしていただけだ。同じようにほとんどの野手を1年間で使った16年の阪神とは、意味合いが全く違う。本来、鳴尾浜で見せるべき選手を、甲子園で見せているのだから。

鳴尾浜はお金いらんやん。

お金を払って見に来ている甲子園で、なんでお金を払わんでも見られる選手が出てくるのか。ファンも戸惑う。

甲子園でお金を払って見るにふさわしい選手は61人もいない。もしいるのなら、ファームなんか100勝くらいしてぶっちぎりで優勝してるよ。

だからみんなにチャンスを与え過ぎだと、わたしは思う。

その前に見極めてやらんといかん。プロというのは、毎年10人が入って10人が辞めるのは仕方のない世界。ドラフトで8人くらい獲ると、高校生はそのうち4、5人だろう。

その高校生は夢を持ってプロに入ってくる。だけどみんなが一軍に上がれるかといえば、そうはならない。3、4年鍛えて一軍でやれるかどうか、指導者が見極めてやらないといけない。プロの一軍で使えるのは、その年入ってきた全員ではない。口には出さないがある程度、区別するしかない。それが本人のためでもある。

高校野球なら3年間頑張ったから、最後の試合に使ってやろうということはある。それで報われるし、間違ったことではない。

だけどプロはそうはいかない。3年間頑張っても、だから一軍の試合に出してやろうとはならない。

そんなことをしたらお金を払って見に来ているお客さんに失礼だろう。プロは違う。だれもが夢見る世界だからこそ、そのことをはっきりとさせなければいけない。

映像で実力は分からない

ドラフトで入ってくる選手の中でも、高校野球の甲子園や六大学の神宮なんかで見ていれば、ある程度の実力は把握できる。野球のレベルやどんな環境でやったのか、数字の裏づけも信用できるからね。

ただビデオでしか見たことのない選手というのは、スカウトの目を信じるしかない。いくらビデオを見せられても、本当のところはあやしいものだ。そりゃあドラフト当日に三振しているビデオは見せへんからなあ。

外国人でもよくあるんよ。セールスビデオっていうのかなあ。とにかくホームランを打っているビデオばかり。なんやこれホームラン特集か、というような。

だから判断するためには、スカウトに比較を聞くしかない。

例えば、「足が速いですよ」という選手なら、「赤星と比べてどうなんだ、赤星以上に盗塁ができるのか」とかね。

アマチュアの全日本4番ですと言われても、そのメンバーの3番はどこかが指名するのか、5番はどうなんだと。そういう比べ方をしないと本当のレベルは分からない。

正直、ドラフト1位の大山悠輔と言われても、それまでほとんど評判も聞かなかった。

ドラフト当日でも新聞には大きく書かれていなかった。白鷗大というのはどこのリーグで、他にどんな大学があるのか、どんな選手がいるのか。比べるものがないとなかなか分からない。

大学日本代表の4番といっても、3年前の4番は梅野隆太郎だったわけだから。映像では分からないから、スカウトがそのために直接、見に行ってるわけで。阪神では将来の4番候補になる、といっても、梅野クラスでか？　ということになる。

他の選手も含めて、日本人選手ではいまのところ名前が挙げにくい。福留孝介も本来は4番のタイプじゃないからね。

だからゴメスみたいなタイプを当てはめたほうがいいと思った。ゴメスのホームラン20本なら、上出来だったと思うよ。

阪神は当面は外国人に頼るしかない。

理想は右打者でホームランが打てること。三振してもいいのよ。ゴメスはボール球を振るといっても、みんなボール球を振ってるやんか。いまのチーム編成なら3番、5番は外国人に頼らないとアカンような気がする。

左打者が多いから、外国人は右でということなんだけど、キャンベルも30本打てるタイプかというと疑問だ。日本人の4番を作るといっても、原口文仁だってせいぜい10本だから。いまのメンバーでは難しいなあ。

福留が6番くらいに入れたら、そりゃあ強い打線が組めるよ。いまの状況で福留が4番だと、打線としてはちょっときついだろうなあ。

WBCに選ばれるような野手がいない

WBCに阪神の野手はだれも選ばれていない。やっぱり寂しいよなあ。こんなことになってしまったのは、ここ4、5年のことだけど、あっという間に他球団と差がついてしまった。5年目くらいで日本代表に選ばれるような野手が1人もいない。これから3年後と思って見ても、名前が浮かんでこない。候補は髙山俊だろうけど、2年目の今年が大事になる。相手も研究してくるしね。

投手では藤浪晋太郎が選ばれたけど、わたしはもっともっと藤浪には勝てる投手になってもらいたい。まだまだ勝てる。力を出し切っていないと思う。

まだ若いという考え方は違う。年齢的には若いけど、プロで4年間の経験を積んだ。高校野球でも甲子園で日本一という経験がある。大谷にもない経験をしているのだから、若いというのは武器になっても言い訳にはならない。

大学で4年間やった選手とは、経験した内容の濃さが違う。

1年目から2ケタ勝てる投手なんて、そうはいない。高校出てすぐに結果を出したんだから。チームの中心選手として周りも見るべきだし、本人もそう意識すればいい。

「若いから」「若いので」と言うのは、本人に対しても失礼だと思う。もっと勝てるのに、力を出し切っていない。

藤浪は完璧主義者なのかもしれない。完璧を求め過ぎて、大雑把でいい加減なところがなくなっている。遊びを入れて、経験したことに自信を持って、チームの中心になるべき投手だと思う。

第6章　一軍は何がなんでも勝て！

勝負手は勝負どころで使え

1985年の広島戦でこういうことがあった。

セカンドを守っていると、相手のベンチが正面から見える。サードコーチャーの三村敏之さんだった。「あれっ、これかな」。盗塁とかバントのときのサインが分かってきた。

おかしいな……。

ずっと見ていると、なんと阪神と同じサインだった。

「ウチと同じサインですよ」

ベンチで吉田義男監督と一枝修平コーチに伝えた。

「そうか、分かった。けどいまはサインを見破っていることは、知らん顔しておこう。勝負どころでバントを外したらええ。いまやったらこちらのサインは変えられる。もったいないやろ」

1年間のペナントで勝負するというのは、こういうことよ。

わたしが監督をしているときにもあった。中日の落合博満監督の出すバントのサインが分かった。当時のコーチだった吉竹春樹や山脇光治がすぐに言ってきた。

「外しますか」

「いや9月に、外そう」

いま外したら相手がサインを変えるから、勝負どころまで引き出しに入れておこう。

投手にもよく言っていた。例えば6種類の変化球を持っているとする。それをすぐに全部使おうとする。最初から全力投球するからどこかで捕まる。

「変化球をいくつかとっておけ。二回り三回りするんやから、打順が回ってからそこまで投げてない球で勝負しろ」

いつも投手にはそう言っていた。

武器は隠しとかなアカンのよ。

ファームで得た監督経験

1年間を通しての監督経験がないと、なかなかペナントを戦う感覚がつかめない。

そのためにはやはり二軍で監督経験をするというのは、大きな財産だろうね。わたしはオリックスで2年、阪神で5年、二軍で指導者の経験をさせてもらった。これが一軍の監督をしたときに、どれほど役立ったことか。

幸い、ずっとユニフォームを脱がなかったし、オリックスでは相手チームとして阪神を見るということもできた。

二軍は指導者も失敗できるポジションだと思う。一軍で選ばれた28人だけを見ていると、選手の力の差が分からなくなる。底辺の選手はいないから、プロ野球選手のレベルが分からない。

そういう意味では、外野手だったけど二軍で監督の経験をしたヤクルトの真中満監督はひと味違っていた。山田哲人というすごい打者を使えたのも、二軍から見ていたからだろう。

わたしは井川慶、濱中治、関本健太郎（のち賢太郎）らを二軍から見てきた。性格から力量から全て分かる。本当の力を知っていたから、一軍ですぐ使えるし使い方も分かっていた。見えない部分はなかった。

ファームのほうが選手と接する時間は長い。藤川球児もわたしじゃなかったら、先発にしているだろう。二軍の力のないときだったから、その選手の見極めができる。金本監督が1年目にやったことは、本当は二軍でやるべきことだろう。

若い選手の見極め。試合で使ってどんなレベルか、どんな性格か、それを一軍の試合でやったらアカンやろ。

ファームの試合は未知数の選手がどんどん登場して、新たなチャレンジを失敗も恐れずにやる。その結果が目に見えて、変化となって表れてくる。

そりゃあ見ているほうはおもしろいよ。そういう目的で見るから、勝敗が全てではない。違う楽しみで試合を見る。だけど一軍は試合の勝敗が全てだからね。

わたしも一軍監督のときは、親子ゲームで甲子園のナイターの前に、昼間の二軍の試合を見るのが楽しかった。

そのときは逆に、毎日接していると分からない選手の成長を、たまに見るからこそ手に取るように感じられた。子供の成長と一緒や。親よりも親戚の人のほうが強く感じる。一軍の監督の目というのは、そういうことだろう。

相手に弱みを教えたらアカン

去年の5月21日に、鳥谷敬の打順を3番から8番に変えたやろ。懲罰かと噂になったが、その前にまず、どうしてフライを捕れなかったのかなあ。ただあれは落球じゃなくて、スパイクが芝に引っかかっただけだけど。鳥谷は落球はしたことないよ。

それだけじゃないだろうけど、打順が8番になった。このやり方は、わたしには考えられない。

鳥谷がどうのこうのじゃなくて、あれだけ「生え抜きやからチームを引っ張ってくれ」って言ってたわけやろ。8番でどないしてチームを引っ張るんよ？　引っ張られへんで、8番は。

生え抜きでずっとレギュラーで、連続試合出場してたわけで。8番に下げたら相手に、鳥谷は調子悪いですよって知らせているようなもんや。なんで相手に弱みを教えてしまうんだろう。DeNAのラミレス監督は、ロペスを3番に戻した。そしたら打ち始めたやんか。

「なんでや」と相手に考えさせるのが采配よ。わたしだったら金本監督とは逆にするなあ。調子が悪かったら3番で使う。打順というのは影響が大きいものよ。打席に入るときの景色が違うんだから。前後にいる選手が違ってくるからね。

福留孝介を4番にしてからおかしくなった

3番がなんで楽かというと、凡退しても目立たないからだ。凡退しても次は4番がいるし、3番がブレーキで試合に負けたとはあんまり言われない。4番が打てなくて負けたというのはあるよ。3番は一死からの打席が多いから、目立たない。

5番は打ったら点が入る、打たんかったら入らないという場面になる。ゼロで終わったらそれはそれで目立つ。

でも3番は打てなくても、4番が打てばいい。5番は初回なんか、二死一、二塁で回ってくることが多い。打ったら点が入る。優勝できるときというのは5番が打った年なんだよなあ。

2005年の金本には、ずっと4番を打たせていた。ケガをしようが何があろうが、黙ってスタメンの4番には「金本」と書いた。それがわたしの仕事だった。死球で骨折していても、本人とは何の話もしなかった。

「出られるか」と聞いたら、「出る」と言うに決まっている。骨が折れていても、聞く必要もなかった。

だから金本も打順のことなんか、何も考えなかったんだろうな。自分はずっと4番だったから、他の選手が何番かなんて関係ない。チームとして打順がどうこうなんて、選手のときには意識しなかったと思うよ。5番は今岡で140打点以上残した。だから優勝できた。

16年の開幕は、鳥谷が6番だった。びっくりしたよ。

鳥谷を信用していないんだなあ、というふうに見えるわな。恐らくメンバー編成をしていった結果、そうなったということなんだろう。左が多いからそうなってしまった。

福留を4番にしてから、おかしくなってしまったのではないか。

開幕の段階では髙山俊、横田慎太郎を使いたい。それは分かる。ところがそうなると左ばかりになる。左が並ぶと相手投手に左のワンポイントとかが来ると困る。そう考えてしまうから、いまのタイガースの打線は、右をどこに当てはめるかと、そのことだけになってしまう。

適性や選手のタイプや気持ちではなく、左と右だけの選択になってしまう。これはタイガースだけでなく、どこもそういう傾向はあるけどね。右で打てるのは３人くらい、あと６人は左だから、左右の関係だけで並べてしまう。

だから16年の開幕は、右を挟みたくなって３番にヘイグを置いた。ヘイグって１カ月もしたらもうおらんかったけどな。

「超変革」の「超」はいらんかった

去年の７月８日だったか、藤浪晋太郎に１６１球、投げさせたことがあった。

新聞には懲罰投球とか書かれていたけど。懲罰かどうかということよりも、他にやるべきことがあったと思うよ。

懲罰が悪いとは思わない。

例えば高校から来て1年目が3勝、次の年が5勝、そして8勝と、なかなか2ケタの壁が破れない。そういう投手に、ひと皮むけさせるとか、刺激を与えるとか、精神面も含めて大きなインパクトという意味で懲罰的に限界を超えるくらい投げさせることはある。それで何かを得られるかもしれないからだ。

だけど藤浪は、新人から3年連続10勝以上している投手だ。

もちろんまだまだ足りないところはあるし、そのときは勝ち星がなかなか上がらない時期だった。だけど161球の前に、2ケタ勝っている投手がなぜ勝てなくなっているのか、なぜそうなったのか、そうなった過程を考えなアカンわな。

わたしは、「超変革」という言葉が独り歩きしたと思う。

極端に変える、何かこれまでと違うことをしなければならない、勝つためにではなくて変えるために変える。そうなってなかったかなあ。

「超変革」の「超」は、いらんかった。「変革」でよかった。そこまで変える必要はないやろ。

3年連続最下位で、選手の平均年齢も30何歳、そういうチームなら若いのを思い切って5人くらい使う。そういうことなら「よし、いいぞ。来年か再来年には花開き、大きな実もなるだろう。楽しみだなあ」という感覚になるけどねえ。

けれど14、15年は2位、3位で、2年前には日本シリーズにまで出たチームだ。そこまで変えなくても、新戦力が1人か2人、入ってくれれば十分よ。

4人も5人も去年までいなかったメンバーを入れても、やっぱり勝てんのよ。勝負だから、力の差が結果になる。前年から2人代わったらすごいことよ。投手は毎年、何枚いてもいいけれど、打者はそうはいかない。

一軍で経験積ませて力をつけていくと言うけど、二軍で力がついてから一軍で使うのがセオリーと違うか。

結局は一軍で力を試していたということにしかならない。一軍で試してアカンかったからファームに落とす。その繰り返しだったから61人も使うことになってしまったんだろうね。

どれくらいの力かなんて、一軍で使っても簡単には分からない。本来なら一軍の負けられない試合で使う前に、使える力かどうか分かっていたほうがいい。一軍で試していたらダメだ。

一軍が目指すのは優勝

だれを使おうと、一軍が目指すのは優勝だ。

それを目指さなかったらおかしい。これだけははっきりしている。ましてこれまでずっとAクラスのチームだったんだから。

だから一軍で使う前に、選手の力が分かっていないとアカンのよ。使ってから、まだ一軍の力がないなんて言うのはねえ。金本監督もシーズン中にそんなことを言っていたけど。使ってみてやっぱりアカンかった。そんなことをやっていたら選手は自信をなくしてまた二軍に落ちるだけだ。

かつての暗黒時代みたいに6位、6位、5位、また6位みたいなチームだったら来年はまずAクラスを目指します、というのもある。そんなときにいきなり優勝と言っても笑われるだけだ。

コーチ陣も気になっている。片岡篤史打撃コーチが教えている写真なんか、スポーツ新聞でほとんど見なかった。金本が教える写真ばっかりだった。

わたしは自分が監督のときは、みんなが見ている前では絶対に教えなかった。グラウンドではね。

なんでか分かる？

これも二軍で経験したことなんだけど、他の選手が見ているからなんだよね。ベンチでも練習中でも、選手というのは監督やコーチが何をしているかをよく見ている。いまの若い選手はひがむんよね。

またあいつは教えてもらっている、監督はあいつばかりに教えて、自分のことは見てくれないってね。

マンツーマンの師弟関係、亡くなられた荒川博さんと王貞治さんとか、中西太さんと若松勉さんとかが代表例だけど、そういう関係はいまの時代にはないよ。

世の中がみんな平等にとか言って、そうなっている。ホンマにそうなんやなあというのは二軍で何回も経験したよ。けれどまだ二軍なら時間があるから、全体が終わってからでも教えられる。でも一軍ではそうはいかない。

だからわたしはコーチ会議で、コーチに向かってこう伝えたことがある。

「あいつはこうなっているぞ、ここを注意したほうがいいぞ」

そうすればグラウンドでコーチが、注意すべきところを選手に教える。監督がこう言っていたぞと伝えればいい。どうしても自分で教えたいときには、室内で鍵をかけて、マスコミはもちろん、だれからも見られないようにして教えていた。

コーチにも責任はある

一軍は優勝という結果を目標にするのだから、結果が出なかったらそりゃあコーチにも責任はある。当たり前のことや。

投手も同じ。自分のところの選手もそうだけど、監督やコーチの動きは相手も見ている。早い回に投手コーチがマウンドに行っておろおろしていたら、相手にこの投手は調子悪いぞと教えているのと同じことだ。

投手をマウンドに上げるまでがベンチの仕事。マウンドではもう投手に任せるしかない。相手にも味方にも本人にも、おろおろするベンチやコーチの動きは伝わってしまう。

打順を下げるというのも同じことだ。

鳥谷を3番から8番にする。こんなのは相手には関係ないことだ。相手のチームがミーティングでやるのは、鳥谷に対する攻め方だろう。3番鳥谷はこう、8番鳥谷ならこうするなんていうミーティングはしたことない。8番だったら次が投手だから、歩かせたらいいだけのことよ。

8番だから真っ直ぐばかり投げるか？　そんなことはあり得ない。だからコーチが考えなければならないのは、打順は、相手がどうこうではなくて、本人がどう感じるかということよ。

打撃コーチは右打者に限る

わたしは監督8年間で、左打者を打撃コーチに指名したのは、1年目のときの金森栄治さんだけだった。当時金森さんは、スコアラーとしてダイエーにいたから、王さんに頼んで来てもらった。早稲田の先輩だし、とにかく猛練習で、バットを振り込んで打撃を作る人だった。だけど1年間しかできなかった。

それ以来、打撃コーチは右打者に限るとわたしは思った。だから正田耕三コーチはスイッチだったけど、広澤克実、オリックスでは水口栄二、小川博文とずっと右打者を打撃コーチにした。

右と左では、教え方が違ってくる。

わたしは現役のとき、左打者は楽でいいなあと思っていた。ヒットを打つのは右のほうがしんどいよ。左は一塁ベースに近いしね。

左は三遊間にちょこんと当てて、走りながらでも打てる。右には絶対できない。右はしっかり打たんとアカン。三遊間のゴロを走りながら打つなんて、右では見たことがない。

だから右でしっかり振るという経験をしている打者のほうが、コーチになったときに左打者にもしっかり振れという教え方ができる。わたしはそう思っている。

よく左打者に対して、左中間に打球が行くときは調子がいいんですよとか言う人がいる。鳥谷なんかそう言われる。

それは違うと思う。左中間に行くのは調子がいいときの打ち方ではない。鳥谷なんか開き気味で、最初から当てに行っている。当てて走る。これはいい打ち方ではない。

しっかりスイングすれば、打球は右中間に行く。それが調子がいい、バットが振れているということだ。右なら右中間に行くんじゃなくて、左中間に行くときがいい打ち方だ。それが不思議なことに、左だけは反対方向に打球が飛ぶと、「楽に、力が入らず打っている」という言い方をする。

左へのライナーなんか、逃げて走りながら打っているだけなのにね。あれは調子が悪いときに、ショートの頭の上へ簡単にヒットを狙いに行っているだけよ。

右打者でも、そりゃあ一塁が左側にあるなら話は違うよ。打って三塁方向へ走るんだったら、右打者はセカンドの頭を超えるようなライナーは簡単に打てると思う。

左打ちでも左投げの、本当の左利きの選手は少ない。左投げ左打ちなんて、わたしがやっているときには吉田浩しかいなかった。いまは子供のときに、左打ちのほうが有利だからといって、無理に左打ちを作っている。ちょっと足が速かったら、左打ちにする。

鳥谷は逆で、本来は左利き。はしを持ったりするのも全部、左。だから投げるのを無理に右投げにしたんだと思う。

左投げだと守るところが限定されるからね。変則の作られた右投げ左打ちやね。利き腕が左だから、左へ押し込むような打ち方になる。

こういう感覚が、ずっと左で打っている打者には理解しにくい。だから右打者にはうまく教えられない。右打者には右も左も分かる感覚だから、左打者にも強く打てという指導ができると思う。

ようやっている掛布雅之二軍監督

掛布雅之二軍監督のことをよく聞かれるけど、これは一番難しい質問やなあ。

ある人が一軍金本監督、二軍掛布監督は逆じゃないかと言っていた。

本来、先に掛布一軍監督、金本二軍監督でスタートすべきだったんじゃないかと言うけど、それはわたしには答えられない。掛布さん本人は、そらそうやろと思っているだろうけどね。掛布さんがそう思うのは当たり前や。

二軍はしんどいよ。掛布さんは61歳になるんか、ようやっていると素直にそう思うよ。

あの歳で若い選手と一緒にやれるというのはすごいことよ。しばらくユニフォームを脱いでいた時期もあったから、よけいに大変だと思う。

ずっと現場から離れなかったわたしでも、正直言えば二軍監督のときはきつかった。気持ちもだけど、まず単純に、体がきつい。朝早くから夕方まで働きづめだ。打撃投手がいないから、監督もコーチも投げなければいけない。

毎日500球くらい投げて、肩が飛んで(故障して)しもうたからなあ。それでもわたしは45、46歳くらいだったからできた。

遠征もしんどい。試合が終わったら風呂に入って、慌てて電車に乗って、それもいろんなところへ連れて行かれる。掛布さんも本当はしんどいと思う。そんなところは絶対に見せないだろうけど……。

二軍で一番大切なのは、選手の見極め。一軍戦力としていけるかどうかだ。それも調子がいいからこの選手を上げてください、じゃないからね。一軍から、内野手で打てるヤツを、といった注文が来て、それに合う選手を送り出す。だから、常に一軍の予備軍を持っていないといかん。いつ呼ばれてもいいようにするというのは大変なことよ。

一軍の戦力を40人とすると、内訳は投手18人、野手22人。投手は先発8人、中継ぎから後ろに10人くらいの計算になる。ローテーションが6人とすれば中継ぎ4人が一軍の数だから、8人くらいが予備軍として競り合うことになる。

見極めが難しいのは、いろんなタイプがいるということ。

一軍ではそこそこ抑えられるのに、二軍ではボコボコに打たれるタイプもいる。もちろんその逆はナンボでもいるけどね。見極めるということでは、16年みたいに一軍で61人も使うとなると、掛布さんの見極めはさぞ大変だったと思う。

第7章　阪神のチーム作りに足りないもの

戦略の見えないドラフト

なんで投手を獲りに行かなかったんだろう。

2016年のドラフト。阪神は最初から野手の大山悠輔を指名した。単独指名になってすんなり入団。それはそれでよかったけど、ずっと言われていた桜美林大学の佐々木千隼（ロッテ1位）とか、創価大学の田中正義（ソフトバンク1位）とか、投手にも評判の良い選手が何人もいた。

投手に行けば、重複指名で抽選になる。それよりは確実に指名できる野手に行った。そういうことなのだろうけど、獲れていたかどうかよりもまず、なんで投手に行かなかったのか。

チームの考え方だから、本当のところはわたしには分からない。金本知憲監督が抽選を嫌ったとか、確実に獲れる選手を選んだとかいうけども、チームとしての補強すべき戦力は何なのか。それが分からない。

いい投手がいれば、投手を指名する。これはチーム事情に関係なく、どのチームにとっても基本的な考え方だ。投手は何人いてもいい。よく言われる言葉だけど、投手は何人いても使い方、出番があるということだ。

打者はポジションが重なる。同じポジションでいい選手を獲得しても、代えられない絶対的な打者がいれば、使いようがない。だから打者はチーム編成を見ながら指名するしかない。

内野手なのか外野手なのか、右打者か左打者か。これはチーム事情だから毎年、変わってくる。いい投手は獲らなアカンというのだけは原則だから、なんでいきなり野手に行ったのかなと思う。

それも大山はサードやろ。新外国人もサードを守れる選手ということになれば、どうするんかなあ。

新外国人にしてもドラフト1位にしても、使わんとアカン選手やろ。高校生じゃないのだから当然、即戦力という位置づけで最初は試合に使う。だけどポジションがかぶっているのに、どうするんだろう。

どこでも守れると言ってしまえばそれまでだけど、やっぱり得意なポジションがある。その選手がやりやすい格好にしたほうがいい。

阪神のドラフト戦略への疑問

ドラフトの段階では補強の方向性は大体見えている。すでに戦力外の選手は決まっているから、投手が何人、野手が何人という絶対的な補強ポイントがある。70人の支配下選手だから、大体は投手が34人、野手が36人というのがベースになる。つまり投手を5人、戦力外にしたら投手を5人補強するというのが、まず基本的な考え方だ。そこからFA、ドラフトとなる。

わたしの経験で言えば、09年のオリックスのドラフトでは、左投手ばかり4人という極端な指名をした。左で使える投手がいなかったので、どうしても補強したかったからだ。

2年後には今度は野手の高齢化が進んだ。

近鉄から来たバリバリの野手が、6年後には年寄りばかりになってしまった。だからそのときは社会人の野手を4人指名した。

ドラフトはチーム編成の都合があるから、評判の高い選手だけを指名するわけにはいかない。だから阪神の大山にしても、無名の野手だからダメだということではない。チームの戦力にカチッとはまれば、バランスの取れた編成になる。

だけどFAで糸井嘉男を狙っていたのだから、打者で1人は絶対に使わないといけない選手がいることになる。そこへドラフト1位も打者というのがねえ。

例えば巨人を見ると、最初は即戦力の投手に行った。

これは原則として理解できる。ところが抽選で外れたら、内野手のナンバーワンに変えた。つまり投手はDeNAの山口俊とソフトバンクの森福允彦を、FAで獲れるという計算があった。そこと競り合えるレベルならドラフト1位で行くが、ランクが落ちるなら補強できていない野手で行く。これは理詰めのドラフト戦略と言える。

ドラフトで打者を獲りに行く、FAで糸井に行くとなると、戦略的にはなんかおかしいんじゃないかなあ。

藤川球児は先発ができない

ベテランと呼ばれるような投手は、モデルチェンジが必要になる。特に能見篤史なんかはそういう時期だろう。自分で考えてやることだけれど、ずっと同じパターンで力だけで押していたら、勝てんようになる。

岩田稔は正直過ぎるんよ。もっと相手をだまさないといけない。真っ向勝負だけではアカン。福原忍にしても、長くやれた投手はどこかで変えている。まあ左の柱は、これからは岩貞祐太になってくるんだろうけどね。

先発は作れるからいい。いまの野球は7回からの投手が重要よ。7回以降をどう抑えるか。そこで打たれると、ものすごく痛いからねえ。先発投手より、ここが勝つためのポイントになる。

藤川球児も、あれはもう1年前の最初のキャンプ初日になるけれど、アップしているときに金本監督に言うたんよ。

「藤川の先発はアカンよ」

そうしたら金本監督は、「先発に若い投手がいないから……」と。

それで球児を先発で使うようなことを言っていた。わたしは違うと思ったね。先発はいるよ。若い投手を使ったら、先発は作って行ける。まだ金本監督はブルペンも見ていなかったから、それが分からなかったのも仕方ない。

球児は、若くて力のあるときから、長いイニングは投げられなかった。ああ見えて投球術という面では、不器用なんよ。けん制したりバント処理とかいうのは器用だけど、打者への攻め方は目いっぱいしかできない。

それは球種が少ないからで、長いイニングをかわしたり、遊びながら投げるということができない。1イニング、目いっぱいでないと持ち味が出ない。

そんなことは最初から分かっていたことやろ。どういう経緯で抑えになって成功したかということだ。

それを金本監督は一軍の試合で先発で試して、やっぱりアカンかったから後ろに回した。そんなことは早く分かっていたほうが、絶対にいいに決まっている。一軍の試合で試してたら、それだけ負け試合が増えるばかりよ。

中継ぎには左の外国人を

抑えはマテオか?

ドリスにしても同じタイプだしなあ。なんで外国人の左投手を獲らないんだろう。次に来日したのがメンデス。キャンプで見たら、見た目も顔も投げ方もそっくりやんか。マテオが3人おっても仕方ないやろ。

いないところ、足りないところを外国人で補って、その間に自前の若い選手を育てる。それがチームの編成をするということ、それがフロントの仕事だろう。

左の岩崎優を後ろへというのを考えているみたいだけど、岩崎は先発だと思う。なんでかと言うと、そりゃあ5回までを一番抑えられる投手だからよ。左の先発は貴重よ。

相手打線はほぼ左で組んでくるのだから。代わりはいないよ。6回あたりまで岩崎が抑えて、これに勝ち星がついてくるようになれば、さらに7回、8回まで投げられる投手だと思うよ。

先発の左投手と言えば能見篤史と岩田稔。この2人から岩貞祐太、岩崎優にバトンタッチすればうまく世代交代が進む。ずっといいときのイメージで選手を見ていたらアカン。

岩田もそうだし、能見も年々歳を取っていく。球児だってそうやろ。年齢とともに球の力は落ちていく。これは仕方がないことで、そこを見極めて世代交代を考えなければいけない。岩崎に代わる左の先発はいないのに、後ろに回すとは……。これは順番が違うよ。

03年のときの伊良部秀輝を見ていて思ったことがある。9月から勝てんようになった。13勝したけど、そこから勝っていない。そのときに、ああこれは来年、13勝の投手という計算をしたらダメだなと思った。

そして翌年の04年、開幕から4月、5月に打たれて、監督1年目のわたしは正直ほっとしたもん。周りは2ケタいける投手と見ている。だから簡単に外せない。違いますよというのは打たれて初めて理解される。

伊良部が打たれたから、安藤優也を後ろから前に持って行くことができた。もちろん後ろには球児、久保田智之というのがいたからだ。

後ろは球児、久保田で行けるから、前の伊良部を外して安藤を入れる。これが普通に考える順番よね。

7回からはおもしろくない試合をしろ

安藤は03年、最初は敗戦処理だった。ブルペンでも位置づけは、一番下のほうだった。

先発が早い回に打たれたら出てくる。それがいい投球をしているうちにだんだん後ろのほうになっただけよ。

わたしは次の年、安藤を後ろで使うつもりはなかった。先発で使いたかった。もともと後ろで投げるタイプじゃないしね。だから伊良部が先発で打たれて、安藤を使えることになった。後ろは久保田と球児で固まっていたしね。

投手の配置換えというのはそういうことよ。だれかを作るのではなくて、適性を見極めて、ここがこうなればこの選手をこう使う。編成を変えるのは備えができてからよ。

そう考えると、17年の後ろはどうなる？

マテオか、いまのところは。ドリスも契約した。マテオとドリスというのはしつこいよいうだが、タイプが似ている。同じ右投げだし。もう1人、左の外国人を獲れんのかなあ。

後ろ3人を外国人でというのは15年に優勝したヤクルトがそうだったけど、印象には残る。だけど外国人ばかりというのはどうかなあ。1人、調子が悪くなるとガタガタになる。安定感がない。

踏ん張れるヤツがいない。無理が利かんのよ。ヤクルトにいたオンドルセクだったかなあ、8回はいいけど9回はダメ。そういう投手っているんよなあ。長続きしない。

7回以降で試合を落とすと痛いよ。次の日まで響く。だからカチッとはまる形を作らないといけない。1点勝ってても、1点負けてても、見ている観客が分かるような継投をする。ああ、この展開なら次はこの投手と、お客さんにすればおもしろくない、劇的じゃない投手継投。これが強いチームなんよ。

あっと驚くようなことしても、打たれたらなんにもならない。

そりゃあ負けていての出番より、勝っている展開での出番のほうがいいに決まっている。マウンドに行く投手の気持ちが違う。たとえ1イニングでもね。

わたしが監督をやっているときは、後ろにジェフ、藤川、久保田という「JFK」がいた。

負けているときの投手もポイント。わたしのときには、江草仁貴、橋本健太郎、桟原将司らがいた。あいつらは、一生懸命投げてくれた。

だからわたしは、絶対に敗戦処理という言葉は使わなかった。ブルペンでも、投手陣が敗戦処理と言ったら怒った。

本人たちもそのことは分かっていたから、負けた展開で投げるときにも気持ちがこもっていた。ああ負け試合やと思ってマウンドに行くのと、踏ん張ればなんとかしてくれる、自分が抑えればまだこの試合は分からないぞと思うのでは全然違う。

投手がそう思っていれば野手にも伝わる。

負けていても必死で抑えれば、よし、逆転して勝ち投手にしてやる、というムードになる。そういう空気が信頼感ということじゃないか。いかにチームの雰囲気を作るか、投手と野手の信頼感、それが監督やコーチの仕事と違うんかなあ。

監督采配は結果が全て。どんなやり方してもいい。勝ったら、そのやり方が正しかったということになる。万全で行っても打たれて負けることもある。それは采配ミスと言われても仕方ない。

采配とは結果なのだから。

第8章　猛虎再建への提言

どうする4番打者

4番はだれやと言われても、これは難しい。

4番の前にだれがレギュラーなんだろう。ポジション決まっているヤツ、何人いるんや。こんな評論家泣かせのチームは初めてやなあ。打順なんて全然分からんも ん。4番がいないと言うなら、なんでゴメスを外したんだろう。

打順というのは兼ね合いや。わたしが監督のときは、4番が左の金本知憲。それは右のシーツが獲れたからだ。シーツを3番に置き、右の今岡誠を5番にして左打者を挟めた。4番金本という理想の形を組めた。

だから2016年は右のヘイグを3番、ゴメスを5番にすれば4番に左の福留孝介を挟めた。本当は福留は4番というタイプじゃない。福留は5番とか6番で、走者を置いて打たせれば打点が稼げるタイプだ。

生え抜きで4番を打てるタイプは現実にはいない。上位に左打者が多いのは確かで、その意味では4番に計算できるゴメスでよかった。新外国人に右のキャンベル(前メッツ)を獲ったけど、新しい外国人はシーズンが始まらないと分からんからなあ。以前、オリックスにいたコリンズ(現メッツ監督)がイチ押しとか書いてたけど、元恋人のタレント・シルクじゃあるまいし……。

そうなると生え抜きの4番は、高校生を育てるしかない。ドラフト戦略から入らんと。

原口文仁は捕手としては、守りがどうのこうのと言われる。ポジションをどうするか。ファーストとなるとこれまた打撃が物足りない。

ファーストはやはりとにかくホームランの打てるタイプがいい。それなら外国人となる。

日本ハムの中田翔、DeNAの筒香嘉智、西武のおかわりくんこと中村剛也にしても、みんな高校生から育てて成功している。ソフトバンクの内川聖一もそうやし、本来ならオリックスのT-岡田だってそうなっていないといけない。

ヤクルトの山田哲人、広島もこれからは4番に鈴木誠也を使ってくるだろう。新井貴浩もいつまでも4番は無理だからな。辛抱して使って率は低くてもホームランは30本と目標を定める。そこから入っていかないと育てられない。

そういうのはみんな高校生で、大学からではなかなか難しい。最初からこれは4番に行けるかも分からんというのは、最近の阪神では濱中治くらいかなあ。

関本健太郎なんかは、やっぱり最初から2番だった。打撃だけ教えて、一軍に上がるときにはバントを教える。バントを教えたときには、お前は一軍だぞと言っていた。一軍レベルの打撃にして、2番として必要な武器を磨くわけだ。

濱中には最初からバントなんか教える必要はなかった。

いまの阪神は次々と若い選手の名前が出てくるけど、何人が一軍で使える？　普通は一軍のレベルになって一軍に上がるのに、そうでないのに一軍で使う。本当にみんな一軍のレベルなら、二軍はダントツで優勝しているはずだ。

お客さんが甲子園にお金を払って見に来るのは、一軍レベルの選手を見るためだ。鳴尾浜はタダ。お金を払ってもらう試合で、そのレベルじゃない選手を使ったらアカンわなあ。

逆に、鳴尾浜に一軍を経験した選手があれだけゴロゴロいるのもおかしい。タダの鳴尾浜で、一軍選手がいっぱい見れるというのもなあ。これでは選手も勘違いをする。

それでなくともヒット1本だけで、スポーツ紙の一面になるんだから。阪神はそういう球団よ。勘違いして辞めていく選手をいっぱい見てきた。首脳陣がもっと選手を抑えてやらないといけない。

本当の一軍の力をつけてから、一軍で使うのが当たり前と違うのかなあ。

使い方が難しい糸井嘉男

糸井嘉男、いい選手よ。キャンプスタートは、右ヒザを痛めて出遅れたけど、プレイヤーとしてはそりゃあ能力はあるよ。

ただ宇宙人だからなあ。宇宙人ということは、普通の地球人とは何かが違うということでもある。糸井がセンターをやるなら、福留を入れたら外野のポジションはひとつしかない。そりゃあ高山俊を使いたいだろうから、他の若手は出るポジションがなくなる。そうするとまた左打者ばっかりになってしまう。

わたしがオリックスの監督のとき、10年ごろかなあ、まだ糸井は日本ハムで20代だった。相手ベンチから見たら嫌な選手やったよ。抑えづらい、ほんまに抑えるのが難しい打者やった。

外野の守備も良かった。一塁走者がヒットでも糸井が外野にいたら三塁に進めない。二塁からでも糸井に飛んだら本塁に還れない。そういう存在感があった。オリックスに移ってからはそれほどでもなかったけど、16年には盗塁王だからなあ。

甲子園ではそれほどホームランは打てないだろうけど、獲った以上は使うだろうし。30歳過ぎてFAでとなると、複数年契約だから、先々の使い方が難しくなるな。衰えてきたときに、まだ契約が残っている。それも当然大きな額だろうし。ベンチが困る。鳥谷もそうやろ。

せっかく1年間、あれだけ若い選手を使ってきたのに、どうするんだろう。野手は大勢いるのに。外野はポジションが埋まってしまって、若い選手では勝てないということだろう。失格の烙印押したようなことにならないか。

もともと糸井は日本ハムにいて、投手から打者に転向してうまくいった。それである程度働いたらオリックスにトレード。日本ハムが出したということは、何かそれなりの理由があるからだろう。日本ハムのフロントは大したものよ。

ドラフトのクジを引かない阪神フロント

第3章にも書いたけど、陽岱鋼がＦＡ宣言したときに日本ハムのフロント幹部が、「卒業おめでとう」って陽に言ったそうだ。

これはすごい言葉やね。陽は日本ハムで十分に働いた。結果も残したし優勝にも貢献した。

ＦＡは選手の権利だから、宣言したら「卒業おめでとう」と言って、気持ち良く送り出す。これが本当のＦＡやわ。

もちろん長期計画の中でそういうことも織り込んでいる。ちゃんと次の選手を育てているんだよ。

フロントの能力は、いまは日本ハムが一番だろうね。

11年のドラフトでは、1位で菅野智之を指名した。断られて結局は次の年に巨人へ行ったけど、必要な選手、欲しい選手を指名する。大谷翔平にしてもドラフトのときは、大リーグに行くと言っていたのを強引に指名したんやからなあ。

日本ハムは監督がドラフトのクジは引かないやろ。フロントの代表者がクジを引く。結果が悪くても、フロントの責任ですよという姿勢を示している。楽天もそう。いい選手を獲っているところは、たいがいフロントがクジを引いてる。

阪神もオリックスも、フロントがクジ引いてくれと言っても絶対にやらないからなあ。監督に引かせるのよ。フロントは絶対やらん。自分たちの責任と見られるのが嫌なんだろうね。

陽に「おめでとう」と言えるのも、岡大海《ひろみ》にメドが立ったからだろう。フロントのチーム作りや選手補強と、監督の考えが一致している。だから現場がやるポジション変更はうまくいってる。

西川遥輝《はるき》なんてサードをやっているときは、どこに投げるか分からんような選手だった。それが外野をやらせることで生き返った。

そうするとレフトから中田をファーストに回すことができる。

小谷野栄一も抜けて、サードに外国人のレアードを入れる。大引啓次が出ても中島卓也が使えるという形ができている。

セカンドには田中賢介が帰ってくる。これは行き当たりばったりではなくて、全部計画通り。ポジションをうまく使っている。

もちろん阪神は日本ハムになれないし、広島になる必要もない。

右に倣えと言っているのではなくて、阪神は阪神らしいチーム作り、フロントの構想があってもいい。それがチームの個性、チームカラーとなってこそファンは応援する気になれる。

ただ悲しいかな、生え抜きがいない。日本ハムも広島も、優勝という結果を出したからフロントも評価される。

阪神は一軍コーチにも、ほとんど生え抜きがいなくなった。平田勝男くらいだもんなあ。

鳥谷敬に本心を聞いてみたい

鳥谷敬はどうするのかな。本人に聞いてみたいわ、本心をね。

和田豊監督のときに、3番鳥谷、4番ゴメス、5番福留で右を左で挟む格好になって、それは機能していた。日本シリーズまで出たクリーンアップを、なんで変えたのかなあ。

次の年にいきなり鳥谷を1番にしただろう? わたしは鳥谷に言ったんよ、「お前なんで1番なんや?」。

そしたら本人は、「分かりません」って言ってたな。

鳥谷が3番だからゴメスは打てていた。ゴメスが打点王を取っているのに、鳥谷を1番にしたらゴメスが打てないようになる。

打順というのはそういうものよ。なんで打点王を取った4番をサポートしていた3番を、1番に変えるんだろう。

わたしにも分からなかった。そんなことをする必要はない。あそこから鳥谷もおかしくなった。打順は簡単に変えるもんじゃない。大事なものだ。

選手にはそれぞれの役割分担がある。それをシーズン前に伝えてやらないといけない。2番でもいろんなタイプがいる。本人がそこまで理解して、動かさんとアカン。

わたしのときは2番に鳥谷を置いて優勝した。バントさせるんじゃなくて、打たせることを基本にした。徹底したらいい。ヤクルトが優勝したときは川端慎吾が2番で、バントをしない2番として機能した。役割分担だから、徹底していたらそれでいいのよ。

1985年もそうよ。打ちまくって勝ったという印象が強いけど、実はセ・リーグで阪神が一番バントが多かった。ここ10年くらいのデータを見ると、やっぱり優勝チームのバントは多い。

バントがいいか悪いかではなくて、必要ならバントしたらいいだけ。チーム構成とか、試合展開とかで決める。中途半端が一番アカンのよ。

それとフロントの評価やな。バントする選手というのはやはり派手さがない。陰から支えるというイメージだ。それをちゃんとフロントが評価できるかどうか。いくらチームプレーといっても、犠牲になって犠牲のままでは、選手はしんどい。目立たないけど、勝っているチームはきっちりバントもやっている。それでないと1年間持たない。ちゃんとそこをフロントも見てやらないと。

右で打てん選手は左でも打てん

イメージもあるんだよね。

大和なんて、自分でも言っていたけど、バントの成功率は高い。ただ、初球に失敗するから、下手だというイメージがある。2球目には決めているのに、失敗した印象がある。

だから大和を2番に入れたら、これはもう最初からバントをさせる。初回先頭打者が出たらバント。それでいい。見ているほうもやるほうも納得できる。

キャンプからスイッチの練習しているようだったけど、どうだろう。右で打てない選手が、左で打っても打てないやろ。

もともと打てている選手が、更に武器を増やすためにスイッチをやるわけで、打てていないのにやっても打てるようにはならん。

若いころは食が細かった。寮でも飯が食えないと言って、体重が増えないのよ。聞いたら胃潰瘍やて。そんなことスカウトの報告書には、どこも書いてなかった。高校のときに守備を見て、これはうまいぞって獲った。胃潰瘍までは分からんがな。

内野手だったのが、いつの間にか外野手になってしまったし。

もういつまでも若手じゃないからなあ。鳥谷もショートで勝負するってキャンプに入ったけど、ポジションの入れ替えもありかもしれない。

最初からこういう布陣で行くって決められたら、選手もやりやすい。シーズン中に突然替えられるとしんどいよ。

北條史也で行くとしても、果たして1年間ずっと北條で行けると思うか？ だれかに聞いてみたいわ。飛び抜けて守備がうまいというなら、1年間使えるけどなあ。ホームランも5、6本というところだろう。打率もなかなか3割は計算できない。

2016年は無我夢中で、周りもよくやっているという目で見てくれた。だけど開幕からショートとなると、周囲の見方も違ってくる。厳しくなる。

もともとタイプとしては阪神にいた平尾博嗣に似ている。背番号も2で同じだし、最初からこれは平尾だなと思っていた。使い方次第でおもしろい選手になる。巨人にいた元木大介みたいなクセ者タイプやな。野球センスもあるし、いい働きをする。だけど、なかなか1年間ずっと安定しては使えない。そういうタイプがいるんよ。思わぬ働きはするけど、思った通りの働きができない。

北條を見ていると、そんな感じがするんだけどなあ。

第9章　金本監督の知らないファームの世界

コーチ経験のない監督が増えた

日本のプロ野球の監督は、日本に12人しかいない。大臣になるよりも狭き門と言われるのもうなずける。

最近は現役を終えてすぐに監督になるケースも少なくない。巨人の高橋由伸は、ユニフォームを脱ぐどころか現役を引退して、そのまま監督になった。そうでなくても阪神の金本知憲やソフトバンクの工藤公康らは、現役を引退したあと解説者をして、コーチ経験のないまま監督になっている。

わたしは38歳で引退した。選手生活の最後はオリックスだった。あれは阪神・淡路大震災の年だったから、1995年だ。オリックスの2年目に「がんばろう神戸」ということで日本一になった。

阪神でも85年に日本一になったが、オリックスでもそういう経験ができた。ユニフォームを脱ぐことなく、すぐにオリックスの二軍助監督兼打撃コーチになった。

全ては当時の一軍監督だった仰木彬さんのひと言から始まった。

「オカよ、球団からクビと言われない限り、これからは二軍の若い選手にいろいろ教えてやって欲しい。クビと言われるまで、ユニフォームを脱いだらいかんぞ。現役を辞めても、お前には次の使命がある。若い選手にお前の知っている野球を引き継ぐ、自分の経験を次の世代に伝えていく。それをやって欲しい」

仰木さん自身、ずっとユニフォームを脱がない人だった。

現役を引退して、まず若い選手と一緒に、指導者として汗をかく。仰木さんが言いたかったのは、そんな経験をしておけよ、ということだったと思う。

オリックスで2年、阪神で5年、計7年間は二軍でコーチや監督をした。

一軍の監督をするような選手は、ほとんどがエリートコースを歩んできていると思う。プロに入ってもいわゆる下積みというような経験のないまま、一軍で試合に出る。

それはそうで、即戦力ということでドラフト上位で指名されたら、一軍の試合にすぐ出ることが目標なんだから当然だ。

貴重な二軍コーチの経験

わたしもドラフト1位で指名されて、早稲田大学から阪神に入った。

二軍の経験なんてほとんどなかった。だから高校から入って、二軍で練習している選手とは触れ合う機会もなかった。

二軍って、どんな練習をしているんだろうと思っていた。

二軍は何が違うかというと、まず見ている人の数が違う。キャンプから公式戦、スタンドにいる観客は何人とか、何十人とかの世界だからね。初めて生で見ることで、二軍でスタートする選手のレベルも分かった。

えっ、こんなプロ野球選手がいるんだ、というのが最初の正直な気持ちだった。

スカウトがなんでこの選手を指名したんだろうと、ナンボ考えてもよう分からん選手もいた。そんなことは二軍でコーチをしない限り、分からないことだ。

仰木さんのひと言でスタートした二軍のコーチ生活は、その後ものすごい財産になった。いい経験をさせてもらった。

いろんな選手を見ることで、一軍の監督をしたときに違った角度から見たり感じたり、いいことも悪いことも多くの引き出しを持って対応できた。

バリエーションというか、仰木監督の言葉で一軍監督のときに生きる経験をさせてもらった。

阪神の一軍監督で、ちょっと他の監督とは違った野球ができたのは、7年間のファームでの経験があったからだと思う。

プロは力がないと通用しない。結果が全ての世界だから、若い選手を使えばいいというだけではない。

2016年、金本・阪神は若い選手を次々に使った。とっかえひっかえと言ってもいいだろう。

チャンスを与えた、競争させたと言えばいい言葉に聞こえる。ただ若い選手を使っただけでは、結果は出ない。力のある選手に恵まれるかどうか、一軍監督として結果を出すためにはそれも必要だということが、よく分かった。

選手に恵まれるということは、たまたまかもしれない。力のない選手だけでは、結果は出せないということが、わたしは7年間のファームでの経験でよく分かった。

結果を出すにはいい選手との巡り合いが必要

いい選手に巡り合えないと、一軍監督として結果が出せない。一軍監督として認められるためには、いい選手との巡り合いが必要だ。

あれは1997年だった。オリックスで二軍のコーチをしていたとき、阪神とのファームの試合でいい選手がいるなあと思った。7番濱中治、8番関本健太郎だったのだが、聞いたらまだ18歳。高校から入団したばかりだと言う。

わたしはサラリーマンの経験はないけれど、サラリーマンは定年で会社を辞めるときに、退職金をもらう。退職金というのは、それだけ会社に貢献したという証しだろう。

ところがプロ野球は違う。ドラフトで指名されたときに、評価が決まっている。ドラフトで8人、9人と指名される。その時点でランクづけされている。そこで評価が決まっている。

1位は1位なりの契約金と年俸。5位は5位なりの金額。サラリーマンと違って初任給は、みんなが同じじゃない、決まっていないんやね。最初から初任給が違う。サラリーマンはそうじゃない。高卒、大卒でそれぞれ初任給が決まっている。プロ野球は入るときから、評価に差がある。

ドラフトの時点で最初から初任給が違う。ところが1位だからといって必ず活躍するかというと、そんな保証はない。5位、6位だから、プロで結果が出せないと決まっているわけでもない。

プロで活躍すればまた違った評価をされる。濱中、関本は2位と3位。1位は大学からの逆指名で入団した今岡誠だった。

相手ベンチから見ていて、2位、3位でこんな選手を指導者として教えられたらいいなあ、うらやましいなあ、と思った。

今岡は即戦力ということで、そのときのファームにはいなかった。では2位、3位の濱中と関本に、なんでそれほどうらやましいと感じたのか。

そのときのオリックスがひどかったからだ。最悪の選手ばかりだった。

それでも2年目にファームで優勝したけれど、それはピッチャーの力だった。投手はまずまずいいのがいたからね。

けれど打者は、一軍に行けるかなあというのはほとんどいなかった。2年目に1人だけ、これはというのがいた。捕手の日高剛だ。のちに阪神へFAで行くんだけど、この打者だけだった。

日高はバッティングは良かった。バッティングだけで、リードとかは全然アカンかったから、阪神では大した活躍はしなかった。

選手は差別しないが区別はする

こういうことがあるから、ファームでの自分の指導方法は、はっきりしていた。差別は絶対しない。1位だから、5位だからという差別はしない。指導者としてみな平等に、一緒のことを教える。

だけど心の中で、区別はしようと考えていた。

オリックスから見ていて、区別したい2人いうのが濱中と関本だった。

高校生の2人が同じ年に入ってきて、一軍で使える可能性があるなんて、これで十分なんだ。毎年、2人の高校生が一軍で使えれば、それはもう指導者としては楽しみだわね。

それ以上に、5人も6人もいたら困る。そんなに一軍の出番はない。

下手なヤツもいないと困る。下手がいるからうまいのが目立つ。毎年、ドラフト含めて、10人くらいが新たに入ってくる。70人のうちの10人だからね。10人がクビになって、10人が入る。そういう世界なんやから。60歳で定年というのがない。プロ野球選手の平均寿命は6年か7年、そんなところだからね。

阪神でいうと、ずっと鳴尾浜で練習していただけで、一度も甲子園の試合に出ず、甲子園で練習もしないまま、だれも知らないままに終わる選手はたくさんいる。

それがファームにいると分かる。この選手はナンボやっても、一軍の試合には出られへんなあって。だから平等に教えるけど、区別はする。

逆にこいつは3年間だけファームで鍛えて、一軍に上げてやろう。そういう選手がいる。1年間で2人、そういう選手がいたら4年間で8人。一軍のレギュラー9人のうち、8人を代えられる。これはすごいことよ。

そこに大学、社会人で即戦力が加わってくると、本当に強いチームになる。あいつら、教えてやりたいな。濱中、関本にはそう思った。

それより少し前の阪神の二軍のクリーンアップは、3人で100歳だった。近鉄から来た選手が2人、もう1人はプリンスホテル出身で「天下茶屋のバース」とか呼ばれてたなあ。バースと同じ背番号44で、大阪の天下茶屋というところの出身でそう呼ばれてたみたいだけど。天下茶屋にバースはおらんわな。

一軍では全く出番がなかったんじゃないかな。バースは2人もおらんよ。どうしようもなかったわ。二軍のクリーンアップが3人で100歳ってね。

オリックスで2年、ファームで指導者をして、そんなタイミングで吉田義男さんから阪神に帰ってこいと声をかけてもらった。

二軍の打撃コーチでという話だったから、ああこれで濱中、関本の2人を教えられると思った。

3月の教育リーグで、当時の二軍監督から、「打順は任せる」と言われた。

それですぐに、「3番関本、4番濱中、5番北川博敏で行きましょう。1年間、クリーンアップはこの3人ですよ」と答えた。

ファームで優勝することの意味

北川はのちに近鉄へ行くんだけど、バッティングは良かった。北川は野村克也監督が来て、チャンスがなくなった。

野村さんの息子がキャッチャーだから、打てる北川がキャッチャーにいたら出番がない。だから近鉄へトレードで出してしまった。

まあそれはそれとして、ファームは「この3人でクリーンアップを組みましょう」とわたしが言った。

ところが当時の二軍チーフコーチが、「それはアカン。それは困る。上にどう言うてええか分からん」と言う。

「なんでですか?」と聞いたら、「そんな若いクリーンアップやったら負ける。勝たれへん」と言う。

何を言ってるんだろう、と思ったね。

前の年のファームはオリックスが優勝した。阪神は5位だった。もともと負けとるやん、勝たれへんかったやん、と言いたかったわ。

結局は濱中18歳、関本18歳、北川22歳でクリーンアップを組んだけどね。打てなくても固定してね。

そうしたら優勝した。そりゃあ無茶苦茶打った。

そして2年目に二軍監督になった。そのときに2年目の井川慶がいた。

「これも区別しとこう」

すぐにそう思った。

内転筋を痛めていて、1年目はまともに投げられなかった。だけど150キロを投げる可能性がある。1年間は陸上部でいい。走るだけ。とにかく3年間、ファームで鍛えて、4年目に一軍で投げさせよう。3年間のうちに甲子園で投げられる投手にしよう。コーチともそんな話をした。

その年に入ってきたのが藤川球児だった。これまたすごい選手と巡り合えた。井川の球は重い。バットの芯に当てられても飛ばない。ところが藤川は、球質は軽いけどホップする。左投手と右投手、これはいい選手に巡り合えた。

球児も3年間は我慢しよう。4年目に一軍で投げさせようと思った。二軍では先発、完投と、だれでも最初はそういう格好で使っていく。それが基本だからね。ところが球児は5回くらい投げると、ガタッと球速が落ちる。

井川は馬力があった。プロに入ったときは74キロくらいだった体重が、一軍に行ったときには96キロになっていた。最初、陸上部扱いで走ってばかりだったから、太ももやお尻にものすごい筋肉がついていた。それが良かったんだろうね。だからボールも速くなる。

いい選手に巡り合えた。高校生でね。

それまで高校生なんか教えたこともなかったけど、ファームだから経験できたことだし、だからこその巡り合いだったと思う。

むやみに一軍に上げたらアカン

99年にわたしが二軍の監督になったと同時に、一軍の監督は吉田義男さんから野村克也さんに代わった。

野村さんは3年間、ずっと最下位やった。二軍はその間、99年と2001年に優勝した。鳴尾浜で、「チームごと、一軍と入れ替われ」とヤジが飛んでいた。二軍の鳴尾浜というのは、高校生のころからずっと選手を追っかけているファンが多い。

普通は、「早く一軍に行けよ」とかそんなヤジ、というか声援やね、そんな声が多いんだけどなあ。まあそれが本来の二軍なんだけどね。

二軍にも打撃の数字、打率、ホームラン、打点とかの数字が出る。それが給料にはつながらないんだけど。

野村監督から、「いま打率がええのはだれや」と問い合わせが来る。

といっても野村監督は、3年間で一度も二軍の試合は見に来なかったけど。

代わりに一軍のヘッドコーチが来て、わたしと話をする。

「先発が足りん」

そうなると先発のできる選手を推薦する。

中継ぎが欲しいとなれば、二軍で中継ぎをしている選手の名前を挙げる。そうでないと絶対に失敗する。二軍で経験していないポジションでは、その選手のいいところが出せない。

あるとき中継ぎが欲しいと声がかかったので、中継ぎをしている選手の名前を出した。

「そのピッチャーは150キロ、出るんか」と野村さんから問い合わせが来た。

「いや、150キロは出ません」

「だれやったら150キロ出るんや」

「井川ですかね。いまの井川なら、150キロ出るかもしれません」

「それなら井川を上げる」

「いや、とても中継ぎでは使えませんよ。150キロは出るかもしれませんが、コントロールがダメです。二軍でも結果は出してませんよ。どこへ行くか分からない球です。150キロ投げても、ストライクは入りませんよ」

それでもいいと言うので、ええっと思いながらも井川を上げた。

中継ぎといっても最初は負け試合、敗戦処理での出番だ。

先発というのは、一軍なら午後6時に試合開始で、30分くらい前にブルペンに入って30、40球くらい投げて肩を作って準備する。

それが、中継ぎだといつ出番がくるか分からない。何度も肩を作って準備する。準備ができていなくても出番と言われることもある。若い選手には難しいのだ。

そんなことを井川は一度もやったことがない。結局ボコボコに打たれて、井川は二軍に帰ってきた。一軍でボロボロにされて帰ってくると、自信をなくしてしまって練習にも身が入らない。

せっかく積み上げてきたものが、全部崩れてしまう。また1からやり直しだ。だからそれだけの力をつけて、準備できた状態でないと、若い選手は一軍に上げたらアカンのだ。野村さんも二軍での指導経験がないから、そういう選手を見たことがないんだろうなあ。

なぜ61人も一軍に上げたのか

阪神は16年、61人の選手を一軍で使った。

せっかくわたしが選手会長のときに一軍登録40人という枠を作ったのになあ。選手登録は70人。そのうち40人くらいが年間で一軍に登録されるというデータに基づいて作った制度だった。

10年くらいのデータで、そのときは大洋ホエールズ（現横浜ＤｅＮＡベイスターズ）が最下位だった。最下位の大洋が1年間で、投手も野手も含めて一軍登録したのが平均で約39人だった。優勝するチームなら36人くらい。最下位チームでも39人。だから開幕前に一軍登録された40人は、最低年俸保障として１２００万円がもらえるという、そういう制度だった。

いまはそういうシステムはなくなった。なんでか分からんけど。それで阪神は61人。ちょっと多過ぎる。打ちのめされて二軍に落ちる選手が何人いたかということだ。みんながそれだけの力があったんだろうか。力があったのなら、二軍はダントツで優勝しないとおかしい。実際、二軍は３位でしょ。

普通は一軍が強いと、二軍も強い。

ソフトバンクとか広島もそうだ。相乗効果というか、本当の意味での競争で、一軍に行きたい、優勝争いしたいという気持ちが二軍にも比例するのだろう。

わたしが二軍監督だった4年間で二軍は3回優勝し、一軍は3年連続最下位。変な現象だった。

なんでかというと、井川のようなケースやね。

例えば野手を上げたいということで、「だれがええか」と聞かれたときに、「いまなら関本ですよ」と返事をする。一番安定して、一軍レベルの打撃になってますと。

すると、「関本はホームラン打てるんか」と聞かれる。

「いやホームランは打てませんが、いまは関本です」と答えたのだが……。

短所を直すと長所は消える

単純なことだ。

「150キロ出るんか、ホームラン打てるんか」

仕方ないから濱中を上げる。

関本は3割を打っている。濱中はそのとき2割くらいしか打っていない。

答えは明らかだ。濱中は一軍で3打席くらい立たされて、全く打てずにまた二軍に戻ってくる。井川と一緒。コテンパンになって戻ってくる。

選手は敏感だ。なんで3割打っている関本じゃなくて、2割の濱中を上げたんだろうか。自分だと思っていたのに、自分じゃない。18歳くらいの子にとってはショックだろう。これでもう練習に身が入らなくなる。

野村さんはドラフトのとき、「一芸に秀でている選手を獲れ」と言った。いいことだと思う。いいなと感じた。

打っても外野に飛ばすのが精いっぱいだけど、とにかく走れば速い。赤星がそうだった。肩だけは強い、でもいい。阪神のスカウトは平均点のいい選手を取る傾向があったから、方針が変わったのはいいことだと思った。

なぜなら二軍でわたしは、同じ考え方で選手を教えていたからだ。

スカウトというのは、ドラフトの日に一番スポットを浴びる。ずっと1人の選手を追い続ける。ときには中学、いやもっと早くから目をつけた選手をマークする。その集大成がドラフトだから、本当は平均点じゃなく自分が長所をアピールできる選手を取りたい。だからスカウトの目を監督も信じる。

二軍で選手の長所を伸ばしたいと思って指導していたわたしは、だから野村監督の方針に賛成した。あるときの納会かなんかで、席が隣になった。

「お前はどういう考え方で、二軍で教えているんや」

野村監督に聞かれた。

「いいところを伸ばしてやろうと思っています。一芸に秀でた、そういう選手のいいところを伸ばす。スカウトも含めて、ドラフトでもそういう方針になったんですから、自分も同じ考え方で教えていこうと考えています」

「それは間違いや」

「えっ」

「二軍は短所を直すんや。長所は伸ばさんでも勝手に伸びる」

「でもコントロールを直したら、150キロ出なくなりますよ」

短所を直せ……。いまでも分からない。長所を生かせる選手を獲っているのになんでだろう。

投手でもスライダーが武器だとする。すると投手コーチはシュートを教えようとする。間違いなくその投手のスライダーにキレがなくなる。必ずそうなる。

わたしの現役時代、遠山奬志という左投手が、阪神にいた。

人さし指と中指の長さが違っていて、真っ直ぐを投げてもスライダーする。真っスラというやつで、右打者は捉えたと思った球が詰まってしまう。左投手にとっては右打者を攻める大きな武器になって、1年目に8勝した。

オフに右打者の内角へ、まともなストレートを投げる練習をした。握りを変えたりいろんな工夫をして。するとガンガン真っ芯で打たれてしまう。今度は真っスラを投げようとしても投げられない。

自然に投げていたから、どうやって投げたらいいのか分からない。真っスラは長所だったのに、他人からは短所に見える。

直球が投げられないのは短所だという。ところが打者から見れば真っスラだから詰まってしまう。だから短所を直すというのは、プロの武器という考え方では理解できない。

能力を生かせない選手たち

濱中、関本、井川、藤川……。わたしは選手には恵まれた。

もちろんそうではない選手もいた。ドラフト1位で入団した高卒の捕手がいた。甲子園で全国制覇もした。捕手としての技術、打者としての才能もあった。しかし彼には捕手として最も大切な能力に欠けていた。それは投手への愛情がなかったことだ。

自分が一番、オレがオレがという意識が強過ぎた。

プロには必要な意識ではある。だが女房役と呼ばれる通り、捕手には投手に対する献身的な姿勢が必要だ。彼にはそれがなかった。投手陣との信頼関係が築けなかった。逆に溝が深まるばかり。早くからそんな兆候が見えていたから、わたしは捕手としての将来性には、最初から疑問を持っていた。

大きなケガをしたこともあって結局、彼は阪神では一軍での実績を残せないまま球団を去った。

能力があっても花開かない選手もいた。

わたしが阪神の二軍監督になって4年目、今度は桜井広大という選手が入ってきた。これは濱中より飛ばす。二軍のキャンプで、ティー打撃のトスを上げた。目の前で、すごいスイングをした。

二軍は打撃投手が足りないから、監督もコーチも打撃投手をやったり、ティーの球を上げたりする。だから選手のスイングを、体で感じることができる。

高校生は金属バットだから、なかなか木のバットでは速いスイングができない。けれど桜井は違った。

02年の2月1日、二軍のキャンプ初日に10本中、8本くらいスタンドに行く。これはすごい。

将来、一軍を助けてくれる選手やぞ。また1人出てきたぞ。夜のミーティングでコーチとも話した。

「桜井のバッティング、見てたか」

「見てました」

それで十分だった。

守備や肩はアカンかったけど、2月1日に1年間は4番で使うと決めた。「打撃に関しては絶対にモノになる。小細工はするな。まずは持っているパワーを伸ばしてやろう。何も教えんでええぞ。バントもやらんでええ。バントは一軍に上がるときに教えたらええ。とにかくいまのままのバッティングをさせる」

何も教えるなというのは、さっきのスカウトの話だ。スカウトが2年も3年もずっと見てきて、いいところがあるから獲得した。特に高校生は、それを大事にする。いいところを伸ばしてやるためには、1年間は何も教えないことだ。選手が、「どうなっているか見てください」と聞いてきたときだけ、言ってやればいい。聞きに来るまでは、何も言ってはいけない。

コーチは教えるな

若い選手は打撃練習でも、いい当たりをするといちいち打撃ケージの後ろを振り返る。見ているコーチに何か言って欲しいんだね。

「ナイスバッティング」

そう言ってもらうのを期待している。

打撃練習で打つのは当たり前。プロはそういうものだから。そんなん何も言わんでいいんよ。困って見てくれと言ってきたときだけ言ってやればいい。それがコーチの仕事よ。

桜井はキャンプ初日の夜に、「1年間はウエスタン・リーグの4番で打たす」。そう決めた。

ところがキャンプが始まってしばらくたつと、夜間練習でコーチが教え始めた。最初、あるコーチが桜井に近づいていく。なんかいろいろ話す。そのコーチがいなくなると、今度は別のコーチが近寄って話している。さすがに細かい技術じゃなくて、基本的なことだけを言っていたみたいだったけど。

コーチは教えたがる。

教えていると、仕事をしている気分になる。高校から来た選手なんて、まだまだ何を言われても消化できない。いろんなコーチにいろんなことを言われて、結局はもともと持っていたいい面が消えてしまう。桜井などはひと目見ただけでコーチは教えたくなる。そういう逸材だった。

教えるなと言っても、教えたがる。

いずれ壁に当たって聞きに来るんだけど、それまで待てない。結局桜井は、1年目は大した結果は残せなかった。3年目にわたしは一軍の監督に上がって、桜井からは離れたけど、ずっと気にはなっていた。

一軍の監督をしていても毎日、二軍の試合結果や個人成績のスコアシートはファックスで送られてくる。気になっていた桜井の結果を見て、一軍のチーフコーチだった平田勝男に言った。

「どうだ、そろそろ桜井を一軍に上げようか。行けるかどうか、二軍に聞いてくれ」

すると二軍からの返事は、

「あと1週間、待って欲しい。1週間待ってもらえれば、一軍仕様にします」

というものだった。

二軍の打撃コーチは水谷実雄さんだった。

「なるほど、一軍仕様か」

初めて聞いた言葉だった。

一軍で試合に使うなら、それだけの仕上げと準備が必要だ。そのレベルにして送り込みますという意味だろうと思った。

一軍で一軍の選手は育てられない

16年の阪神、あれだけ次々と新しい選手を一軍に上げたけど、果たして何人が「一軍仕様」になっていただろうか。

一軍の試合に使いながら育てるなんて、81年になるプロ野球の歴史で聞いたことがない。そんなことはできない。

「一軍仕様」になっていない選手を一軍で使っても、自信をなくしてまた二軍に落ちるだけだろう。それがプロだ。二軍で積み上げたものがゼロになってしまう。

「一軍仕様」。最初はピンと来ない言葉だったけど、いまはよく分かる。

「1週間待ってくれ」と言われて、「分かりました。1週間待ちます。その代わり一軍に上げたらすぐ、スタメンで使いますよ」とわたしは返事をした。

1週間後、ちょうどそのタイミングで親子ゲームがあった。デーゲームで甲子園のウエスタンの試合、夜は同じく甲子園で一軍の試合だった。ウエスタンの試合を見ていたら、桜井広大が1打席目、カーンといい感じのヒットを打った。

「よし、夜は一軍で使おう。2打席目が終わったら下げて、風呂にでも入って一軍に備えさせろ。桜井を一軍に上げる」

そうマネージャーに伝えた。

2打席目も桜井は、レフト線に二塁打性の当たりを打った。ヨシッと思って見ていたら、一塁ベースを回ったところで倒れている。走塁で足を肉離れしとるんやね。結局その年の桜井は、一軍どころか二軍でもまともに試合には出られなかった。そういう選手もいるんだね。

一軍に上げる、チャンスだぞというときに必ず大きなケガをする。ケガをしない強い選手もいるけど、大事なところでケガをする選手もいる。

いまの一軍で言うなら上本博紀かなあ。肝心なときに指を突いたり、二塁で走者にぶつかったりする。上本もなかなか1年間、一軍にいられない。

3月7日のヤクルトとのオープン戦で上本は、ネクストバッターズサークルにいて、俊介の打ったファウルボールに当たってそのまま退場した。プロ野球の試合中にやで。考えられんわ。

調子のいいときにケガをする。調子が悪いときはケガをしない。何も油断しているわけじゃない。不思議とそんな繰り返しになる。これはどうしようもない。

グラウンドでボールを踏んでねん挫したとかは、不注意だ。だけど走っていて肉離れとかは、仕方がないことだ。桜井はそういうタイプだった。結局、あまり活躍できずに終わってしまった。

第10章　選手から学んだ野球の真理

知らないことは聞け

野球を知らない選手、というのもいる。

関本健太郎がそうだった。

ミーティングなんかで、「分からん選手は手を挙げろ」と言うと、いつも関本が手を挙げる。

「えっ、こんなことも分からんのか。お前、どこの高校や」

「奈良の天理です」

天理なんて甲子園に何度も出た名門だと思う。それでもこんな簡単な野球の基本を教えてもらっていない。関本は本当に何も知らなかった。

だけどいまになって思うのは、実は関本が一番偉かったんじゃないかということだ。分からないことを、みんなの前で分かりませんと言って手を挙げて質問する。

恥ずかしいけど、聞く意欲があった。

分かったふりをしているヤツより、はるかに伸びた。最後は1億円を獲れるプレイヤーにまでなった。すごいことだったんだなあと思う。だから関本は長く野球ができた。

若い選手が伸びるというのは、なかなか見ていても分からない。体が大きくなったなというのは分かる。ただ、ずっと接していると意外と能力の変化には気づきにくい。

10点満点で、7点か8点くらいになると一軍仕様だとしても、3点とか4点でスタートする選手がどうなったら7点になるのか。意外にずっと見ていない人のほうが分かるものだ。

OBなどがたまに鳴尾浜球場に来て、

「あいつ、良くなったなあ。バットのスピードが速くなった」

「動きがいいぞ。肩が強くなった。送球が速くなった」

そんな感想を言われると、ものすごくうれしい。

ああ、そうなんだと感じる。ずっと見ていない人のほうがよく分かることがある。毎日接していると、成長している、良くなっていることが意外と分からないものだ。

人に判断してもらう評価というのが大切なのかもしれない。それが指導者の喜びでもある。

選手との別れ

高校から来た選手は3年で育てる。というのは、社会人なら3年、大学生なら4年はプロに行けない。だから高校から来た選手には3年すれば、4万5千人の舞台に立たせてやろうというのが、指導者としての使命になる。

逆に3年たっても一軍レベルが見えない選手もいる。

高校生の場合、そこでひとつの判断をしなければならない。ファームの若い選手は、9月に入ると練習をしていてもそわそわとし始める。

練習中にマネージャーから声がかかる。

「終わったら事務所に来てくれ」

そうなると最後通告だ。

今季限り、とは言わない。来季の戦力構想に入っていない、と告げられる。

指導していたら、この選手は無理だなという限界が分かる。

オリックスでもこんなことがあった。北海道と新潟出身の若い野手で、いずれの選手もその高校からは初めてのプロ野球選手だった。

田舎に帰ればスター扱いだ。初めてのプロ野球選手。オフに帰ると地元で激励会が開かれる。同級生からも、来年こそ一軍だなと励まされる。しかしそれが不可能であることは、毎日見ているわたしには分かる。

9月に入ったある試合で、わたしはマネージャーに頼んだ。

「インスタントカメラを1台、買ってきてくれ」

そして北海道と新潟出身の選手を、2人ともスタメンで使った。

わたしはセンターの選手にカメラを持たせた。

「これで守備位置から写真を撮ってこい。スコアボードの名前も、撮っておけ。守備位置から見える景色を、写真に収めてくるんだ」

試合後、写真を現像して、「田舎の実家に、送っておけ」とマネージャーに送らせた。

後日、2人の母親から手紙が来た。

「ありがとうございました」

2人の母親からの手紙は同じ文面だった。

今年でプロ野球生活は終わる。母親にはそれが分かっていた。丁寧な文面で、3年間のお礼が書いてあった。

ファームで指導していると、そんな経験もした。

ところが全く逆のこともある。

阪神の二軍にいたとき、一軍から今岡誠が落ちてきた。打撃をすると普通に打っている。どこも悪いところはなさそうだ。

「どないしたんや。なんで落とされたんや」

「えっ、分かりません。監督に嫌われたんですかね」

野村克也監督のときだった。

二軍でもガンガン打っていたから、何日かすると一軍からお呼びがかかった。

「今日から一軍や。上から声がかかったぞ」

「いや、僕は戻りたくありません。足を痛めているとでも言うといてください」

「お前、そんなこと言うても試合でヒット打って走っとるがな」
ファームにはいろんなことがある。

問われるフロントの組織力

ところが一軍はどうか。これは結果が評価の全て。勝たなければならない。どんな手段を使ってでも勝つ。そういう世界だ。外国人、ＦＡと使える制度は利用して、とにかく勝つことが全てになる。

だからいまは、単発の優勝が多い。一軍で優勝したからといって常勝チームになるかというと、そうはならない。かつての巨人のようなＶ９（９年連続日本一）なんてもう二度と不可能だろう。

1年勝負。補強がそういうやり方にさせてしまう。

それでいうと、２０１６年に日本一になった日本ハムは、すごいチーム作りをしていると思う。

陽岱鋼はまだ30歳だ。彼がＦＡの権利を取って、日本一になったチームの中で、

「僕は来年の戦力構想に入っていないと思うので、ＦＡを宣言します」

というようなことを言った。

すごいことやね。でも、それを受け入れた球団も大したものだと思う。

どこかおかしいＦＡ制度

ＦＡ制度はわたしが選手会長のときに導入したのだけれど、いつのころからか方向性がおかしくなった。

これについては第３章でも触れたけど、もともとはドラフト制度があって、希望が通らないままプロに入った選手が、その球団に対して十分に貢献したら、希望する球団に移れる。そういう選手の権利として導入したものだった。ところがいつのころからか、年俸を吊り上げるための制度になってしまった。

ＦＡ宣言して、球団に残留する。

その代わり複数年契約や、高額年俸を獲得する。それは本来のＦＡの精神とは違うと思う。

陽は福岡の高校でずっとショートをやっていた。台湾出身の選手で、国際試合では台湾代表として出場している。だけど高校から日本でプレーすると、ドラフト対象選手になる。

それで日本ハムに入って、FAの権利を取って、巨人入りが決まった。

こういうところで、やっぱり日本ハムの組織力というものを感じたね。日本シリーズで広島は勝てなかった。どこに差があったかといえば、フロントを含めた組織力と違うかなあ。

選手も球団も、「ありがとう」と言って出ていく。これまでになかった、理想的なFAだと思う。そこに日本ハムの球団の姿勢、チーム作りのすごさを感じる。

球団は、選手が何年すればFA権を取得するか、もちろん分かっている。宣言すれば出ていく。そのために次世代の選手をドラフトで獲得し、育てていく。宣言するときにはもう次の選手がいる。

若い選手に明確な目標を与え、現場はそれに向けて選手を指導する。出ていく選手にもそれが分かるから、納得して次のチャレンジをする。その繰り返しでチームを作る。いまの時代にできる常勝に向けた唯一の方法だろう。

日本でのＦＡは、アメリカほど国が大きくないし、球団数も少ない。ＦＡで出ていっても同じリーグだったりすると、裏切ったとか言われたり、バッシングされたりして、なかなか根づきにくかった。

今回の日本ハムのようなチーム作りは、いいＦＡとして日本での方向性が示されたと言える。

ＦＡでも、しょうもない選手もいる。阪神にもＦＡで獲得した選手がいるが、中にはいらんなあと思う選手もいるよね。

日本ハムはＦＡで田中賢介が出て行っても、また戻ってきたらきっちり使っている。西川遥輝もサードではどうしようもなかったのを、外野で生き返らせた。選手をどう位置づけるかを、フロントと現場で方向性を一致させている。

広島もこれまで出ていく選手ばかりだったけど、黒田博樹と新井貴浩を戻した。これもひとつの方向性なんだろうね。

広島は松田元オーナーが先頭に立ってチーム作りをしているけど、黒田と新井は戻ってきてもいいという球団としての考えがあったと思う。

ドラフトはいつも80点と答えていた

阪神はどうだろう。

出ていってもいい選手、獲るべき選手、欲しい選手という球団としての指針が見えにくい。その時々で選手が出ていったり、獲れる選手を獲っているだけという感じがする。

ドラフトもどうだろう。ドラフトはまずその年の一番いい選手を獲りに行くというのが基本やろ。

16年のドラフトで、阪神に1位指名された大山悠輔は、わたしは全く知らない選手だった。

他球団に指名された1位の投手陣も含めて、どんなレベルなのか。ドラフトは何点だったかという結果は、やはりキャンプ、オープン戦と見ていかないと分からない。比較してどうかというのは、指名した段階では分からんからねえ。

例えばスカウトが、この選手は足が速いですよと言っても、どれくらい速いのかが問題だ。赤星と比べてどうか、と聞くと赤星ほどではないと言う。それなら大して速くないなあと。

ドラフト選手のレベルは年によって違うから、結果を見るまで成功か失敗かは分からない。

だからわたしはドラフトの直後に、何点ですかと聞かれると、いつも「80点」と答えていた。その時点では分からんから。自分の背番号が80だったから、80点と答えていただけだけどね。

バックスクリーン3連発の秘密

一軍の試合ではいろんなことが起こる。

よく聞かれるのが、1985年の巨人戦での甲子園バックスクリーン3連発。バースがバックスクリーン、掛布雅之さんがバックスクリーン、そしてわたしもバックスクリーン。投手は槙原寛己だった。3連発はどうやって打てたんですかと聞かれても、当時は答えられなかった。いまだから言えるけど、あれもひとつの戦略だった。

槙原は視力が弱くて、コンタクトを入れていたけど、甲子園ではナイター照明が銀傘に反射して捕手のサインが見にくかった。

投手の出すサインは割と単純で、江川卓さんなんかも分かるときがあった。サインを覗き込んだときの右手が横を向いたらカーブ、正面なら直球。ところが江川さんの直球は、分かっていても打てなかった。速いから。

ボール球でも直球と分かっているから振りにいってしまう。ところがカーブはきっちり曲がるから、こちらのほうが狙って打てる。カーブと分かっていても曲がらない投手だと、逆に詰まってしまう。

槙原の場合は、捕手が右手を胸の前で動かしてサインを出していた。タテに切ると直球、横ならスライダー、斜めならフォーク。実際はもう少し複雑に組み合わせていたけど、単純に言うとそんな感じのサインだった。

わたしは基本的に初球は打たない。前の人、つまり掛布さんがポンポンホームランを打つから、わたしが打席に入るときにはまだ球場がざわついている。だから、静まってから狙い球を絞っていた。

3連発のときも、初球は捕手が横にサインを出したので、スライダーを見送り。2球目、また横にサインを出した。それでスライダーを待って、バックスクリーンにホームランを打った。

シーズン中なら相手とのやり取りはいろいろある。だから勝負どころまでは、サインが分かっているということを悟られてはいけない。

ところが7番、8番の平田、木戸はすぐに狙いに行く。初球から飛びついてヒットにする。

「相手にばれるから、初球は狙うな。サインを変えられてしまう」

と言うのに、サインが分かるとすぐに初球から打つ。

普段は初球でヒットなんか打てない打者が、ポンと打ったらおかしいだろう。わざと空振りしとけって言うんよ。空振りしても、だれも不思議がらない打者なんだから。わたしや掛布さん、バースなら、初球を打ってもだれも怪しまないけど。

これも技術やね。

勝つために必要なのは正解を追い求める采配

赤星憲広なんかもそう。徹底して投手の牽制を研究し、全部ビデオに撮っていた。だから赤星は一塁への投手牽制で刺されることはまずなかった。相手の足の動きを見て、重心のかかり方とか、細かいところをチェックして、牽制のないタイミングでスタートを切っていた。

リードは小さくして、スタートすることだけを考える。だから二塁でアウトになることはあっても、絶対に一塁では刺されない。

2005年の日本シリーズ、ロッテとの試合で実はこれが裏目に出た。

赤星に聞いた。

「だれが一番走りやすいんだ?」

「そりゃあ清水直行です。清水なら100パーセント走れます」

初戦の先発は清水。初回に四球で赤星が出た。これはもう盗塁しかない。

「清水は走れる」

赤星は全体のミーティングでそう言った。だから打席の2番鳥谷敬には、初球、

2球目と赤星が走るまで打つのを待たせた。

赤星はもともと、「いつでも走れ」の選手で、盗塁はノーサインにしていた。なんで走らないのかなと思って、あえて盗塁のサインをかぶせて出した。盗塁フリーのうえに盗塁のサインをかぶせた。

それでも走らない。

鳥谷が三振して次のシーツが左中間にヒット打ったけど、赤星は三塁止まり。次の金本知憲が併殺で初回は得点できなかった。

「なんで走らんかったんや」

ベンチで赤星に聞いたら、「足が動かなかったんです」と言う。

これが全てだった。

シーズン中は60も70も盗塁しているのに、日本シリーズの初戦、初回の走者では足が動かなくなる。野球とはそういうものだ。初回0点で全ての流れが変わった。これが4連敗した始まりだった。

一軍の試合の勝ち負けには、外から見ていても分からない要素が、たくさんある。

そのことは事実だ。短期決戦に秘策はない。
シーズンを勝ち進むための、魔法の采配もない。
正解がないからこそ、正解を追い求める采配こそが、勝つために必要なのだ。

おわりに

阪神タイガースに勝って欲しい。

その思いはだれよりも強い。

勝って2005年以来のセ・リーグ優勝をしてもらいたい。

プレーオフを勝ち抜き、日本シリーズに出場し、1985年以来の日本一に輝いて欲しい。

85年は選手として、2005年は監督として、タイガースのユニフォームを着ていた。だから、だれよりも思いが強いと言い切れる。

阪神監督の大変さは、阪神の監督をした者にしか分からない。

よく言われる言葉だが、わたしもそう思う。

関西では毎日のように、タイガースの話題がスポーツ新聞の1面を飾る。監督の談話は、一言一句もらさず読者に届けられる。テレビ、ラジオもまた全ての試合を放送し、特集番組を組む。

ファンは、「まるで監督」ではなく、「まるでオーナー」のように、熱くタイガースを語る。

プレッシャーという言葉では表現し切れない。シーズン中には食事がのどを通らない日もある。浴びるように酒をあおる夜もある。遠征中のホテルから、一歩も外出できなくなる。観客席から届くファンの罵声に、思わずグラウンドで足を止めたことも、一度や二度ではない。

それでも。いや、だからこそ。

タテジマのユニフォームで、甲子園で胴上げされる喜びは、これもまた経験した者にしか分からない瞬間である。

プロ野球は、勝つことが全てだ。

本書で何度も書いているように、絶対に勝てるという方法はない。

勝てば、優勝して日本一になれば、その監督こそが勝つための正しいチーム作り、采配をしたことになる。

本書は自分の経験から、最も勝つ確率が高いと思う方法論を書いたに過ぎない。

もちろん現場には、現場にしか分からない事情がある。それは百も承知で、厳しい指摘もした。

「岡田監督、岡田さん、優勝しましたよ。どうですか、見てくれましたか」

金本知憲監督がそう報告してくれる日を、待ち望んでいる。

「カネ、おめでとう」

その日には、心から感謝の言葉を贈ろうと思う。

「お前の采配が正しかったんだ。阪神タイガースを優勝させてくれて、本当にありがとう」

金本監督の胴上げが見られる日を、楽しみに待っている。

２０１７年３月吉日

岡田彰布

岡田彰布氏から阪神タイガースへの熱いエール。

●staff
編集=宮下雅子、池畑成功
デザイン=池上幸一
帯&本文撮影=尾上達也
本文DTP=山本秀一+深雪（G-clef）
校正=福島恵一

※本書に掲載のデータは、2017年3月20日現在のものです。

岡田彰布（おかだ・あきのぶ）
1957年、大阪府生まれ。北陽高校、早稲田大学を経て79年のドラフト1位で阪神タイガースに入団。80年に新人王、85年にベストナインとダイヤモンドグラブ賞を受賞。94年にオリックス・ブルーウェーブへ移籍。95年に現役引退。オリックス二軍コーチ、阪神二軍監督などを経て、2004年から08年まで阪神監督を務め、05年にリーグ優勝を果たす。10年から12年まではオリックス・バファローズの監督を務めた。現在は、野球評論家として活躍中。著書に『頑固力　ブレないリーダー哲学』（角川SSコミュニケーションズ）、『なぜ阪神は勝てないのか？　――タイガース再建への提言』（江夏豊と共著、角川書店）、『オリの中の虎　愛するタイガースへ最後に吼える』（ベースボール・マガジン社）、『動くが負け　0勝144敗から考える監督論』（幻冬舎）、『なぜ阪神はV字回復したのか？』（角川書店）、『そら、そうよ　勝つ理由、負ける理由』『プロ野球　構造改革論』（ともに宝島社）などがある。

宝島社新書

金本・阪神　猛虎復活の処方箋
(かねもと・はんしん　もうこふっかつのしょほうせん)

2017年4月24日　第1刷発行

著　者　岡田彰布
発行人　蓮見清一
発行所　株式会社　宝島社
〒102-8388 東京都千代田区一番町25番地
電話:営業　03(3234)4621
編集　03(3239)0927
http://tkj.jp
印刷・製本　中央精版印刷株式会社

ISBN 978-4-8002-6756-6